カフェ・ド・ランブル

珈琲こだわり座談集

関口一郎編

いなほ書房

本書の刊行に当り、下記各社のご協賛をいただきました。

アタカ通商株式会社

株式会社　珈琲問屋

株式会社　サザコーヒー

株式会社　富士珈機

株式会社　大和屋

はじめに

昨年（二〇〇九年）五月二六日に、私は九五歳になり、その誕生祝を兼ねた記念出版ということで、急遽まとめていただいたのが、前著『珈琲辛口談義』であり、当日は、私の店のすぐそばにある天プラの店「天國」で、コーヒー関係の人二〇人ほどが集まり、なごやかなお祝いの会を催して下さった。

そこにお集まりいただいたのは、外国のコーヒー関係者が来られると必ず私の店「ランブル」にご案内してくださる「アタカ通商株式会社」、私の著書も取扱ってくれている「株式会社珈琲問屋」、本書の対談にも掲載したように、古くからおつき合い願っている「株式会社サザコーヒー」、高崎に本社を置き、コーヒー豆と陶器を扱い、お客様を集めて私の話を聞く会を催してくれた「株式会社大和屋」、先代から生豆を入れていただいている「株式会社山下コーヒー」、焙煎機を扱い、私の理想とする小型のコーヒー・ミルの製作にご協力いただいている「株式会社富士珈機」の社長様はじめ社員の方、そして自家焙煎珈琲店の店主の方々でした。

その催しに対し、「関口さんとご一緒でき、話しが聞けてたいへん楽しかったと皆様も喜ばれていました」と、主宰者の星田宏司社長から聞かされ、私もうれしい思いでした。

今年になり、星田社長から、「できましたら、もう一冊、関口様が過去になされた、コーヒー人との対談・座談の記録を本にまとめたいのですが、いかがでしょうか」「特に、みなさん、襟立博保様との対談を読みたいと探している人が多いので、ぜひまとめたいのですが」という熱心なおすすめと、私と襟立さんの、コーヒー業界と、コーヒー愛好者に主張したい意見を、もう一度皆さんに読んでもらうことも必要ではないか、という思いもあり、襟立さんもきっと賛同してくれるのではないかと、本書をまとめることになった次第です。

掲載した文章は、それぞれ発表した年代の古い順にしてあり、対談者、掲載誌を記入してあります。

文章は、ほとんど掲載したままですが、一部、より分りよいように、小見出しをつけたり、手直しをしました。

また、品切・絶版になっていました『コーヒー読本』(珈琲豆本12)の文章を、「付録」として掲載しました。

いなほ書房からは、『コーヒー読本』(本書に収録)、『コーヒー伝播史』『銀座で珈琲50年』『煙草と珈琲』『珈琲辛口談義』に続き、単行本として、これで6冊目の出版になります。
すべての本を担当していただいた星田宏司氏に、お礼を申し上げると共に、多くの方に本書が読まれ、日本のコーヒーとその文化の普及に役立てていただければ幸いです。

二〇一〇年五月吉日

関口一郎

珈琲辛口座談集　目次

第四部　琥珀色のくつろぎ——珈琲は人肌で味わう
——常磐新平氏と語る——

付録　コーヒー読本

珈琲辛口座談集　目次

第一部

喫茶業界へズバリ直言!

——襟立博保氏と語る——

話し手　関口一郎

話し手　襟立博保

司会　木村　謙

（柴田書店編集部）

柴田書店発行
「コーヒー専門店」掲載
一九七三（昭48）年六月

コーヒーに魅せられてこの道に

司会　きょうは東西のエキスパートのお二人に、大いに言いたいほうだい語ってもらうということで、まず始めにこの道に入るきっかけというものからお話を伺いたいんですが。

襟立　関口さんは、戦後すぐおやりになったということですが、研究は戦前からでしょう。

関口　道楽みたいな、趣味というか、それで長年やっていたんですが、始めるいきさつというのは、ちょっと複雑なんですけれども、端的に言いますと、私は銀座生まれではないんですが、いろいろな関係で長いこと銀座におりましたんで、地元といえば、銀座が地元なんですよ。その銀座には昔からコーヒーの有名店というか、おいしいお店が伝統的にあったもんなんです。

ところが、戦後丸きり姿を消してしまって、一向にあらわれる様子がないので、銀座の名誉のためといえば、ちょっと大げさになりますけれども、そういう意味で、ごく一部の人でもいいから、私のコーヒーを理解してくれる人に飲んでもらおうと思って、看板もあげず同好クラブのような格好で発足して、しばらくやってやめるつもりでいたんです。やめるつもりがやめられなくなっちゃった。

というのは、ほかにあるんなら、あなたのところはやめてもけっこうだけれども、ほかにないから、やめられたら困るということなんです。それでズルズルべったりになってしまったんですが、最初は消極的で、商売なんていうことは全然度外視して、愛好者だけの集まりみたいな格好でやっていたものなんです。

司会　研究所の看板を下げておられたんですね。

関口　一番最初はランブルという看板でなしに、「アルカロイド飲料研究所」という、看板ではないけれども、そういう名称でやっていたんです。ところが実費にしても何にしても、お金をちょうだいするのは営業に結びつくんで、保健所とか、税務署の対象がそれでは許されなくなって、うるさくなることがあるだろうということで、営業許可を申請して、それに合わせて名前をつけなけりゃいけないと、まあ私、コーヒーのほんとうの色は琥珀だということが昔からの持論なんですよ。コーヒーはいろいろ各国のスタイルがありますけれども、要するにフランススタイルのコーヒーだから、フランス語のいわゆる「アンブル」に「定冠詞」を付けて、「ランブル」というふうに名前を付けたんですよ。

そうしましたら、たちまち銀座にも「ランブル」のにせものがたくさんできまして、それで今たいへん困っているんです。その迷惑さは尾をひいておりまして、人様はそれを混同しているんですよ。ひらがなの「らんぶる」と名乗っているお店があるわけでね。

そういうことで、今年二五周年で、結婚だったら、ちょうど銀婚式になりますね。

襟立　今の「ランブル」さんの出発から今日までを、そのまま私にあてはめていただいてけっこうでございます。そのままなんです。

司会　そのへんを詳しく……

襟立　あらかたを申し上げますと、ようこれほど同じだと思うほど、一緒に話し会ってやったんじゃなかろうかと思うほど、同じでございます。

大正一二年の関東大震災の年からコーヒーになじみはじめて、本職は建築設計でございますから、その合い間を見て、道楽にコーヒーの研究をしておったわけです。ですから暮らしの中に趣味としてコーヒーがあって、その趣味が高じまして、カメラとコーヒーに非常に興味あったんです。

そして終戦を迎えました。ところが、終戦はご承知のように戦争で焼け野原になりまして、建築の大きな鉄筋鉄骨のような設計のいる工事が、一時バタッと少なくなりましたし、終戦後は混沌としておりますので、私はやみの建築もやる気はないし、やみ建築の土建屋でも困るから、おれのうまいコーヒーをひとつ……終戦直後は統制ですから、規格コーヒーで一三円か、一六円くらいのやみコーヒーのある時代でしたから、ひとつすばらしくうまいコーヒーを飲ましてやろうというような、いたずら半分に始めたわけです。ただし、三年間でやめると。

昔から日本では水商売という言葉があるから、なんとなくコーヒー専門店の風格というようなものを知らないので、家族は建築を捨ててそんなことをしてもらったら困るといって反対するんですよ。それで三年間でやめるからと、まあ三年でやめるつもりだったんです。

ところが、幸か、不幸かたいへんな人気をいただきまして、新聞には書かれる、時々はラジオでも伝えられるというようなことで、当時、門前市をなすというふうになりまして、朝からぞろぞろと表へ並んでいるというような時があったもんですから、それにコーヒーというものは、妙に主人と客の人間関係のつながりが深い商売でして、何の商売をするのも一緒だから、建築に帰らないでこのままやってくれよということで、とうとう人間関係の未練がやめさせてくれなくて、ついに二五年、今日になってしまったわけです。

司会　出発の動機というのは、偶然に一致したわけですね。

襟立　関口さんは、銀座にうまいコーヒー店がないからと言われましたが、戦後日本はどさくさで、コーヒーもおいしいのがないし、建築もやみ建築の土建屋といわれるくらいで、設計も何もあったもんじゃない。だから一時世を忍ぶというか、二十何年趣味でやっておるわけですから、おれはコーヒーは上手なんだから、コーヒーをやってみようと。

コーヒーというものは、バーテンをやっておったとか、コーヒーを売っていたからということで、コーヒーの上手な人はいないんですよね。日本のこれというコーヒーのベテランを調べてみると、たいてい前身は画家とか、小説家とか、彫刻家という人達で、その人達が趣味で楽しんでいるうちに、ずっと引っ張り込まれたというのがほとんどですから、コーヒーの専門家であり、研究豊富なんですよ。逆に本職のように見えるバーテンさんあたりは、コーヒーを知らないんですよ。

コーヒーを安易に考えるな

司会　強烈ですね。

襟立　また三年や四年の経験でできるもんじゃありませんよ。

関口　全くそのとおりですね。

襟立　近ごろはコーヒーの研究とか、自分の蘊蓄を傾けて話しをしてみたい相手がいないんですよ。もうちょっと会う機会をつくっていただいて、言い残しておきたいような感じがしますがね。

関口　コーヒーに対して、一般の人から業界の人まで含めて、たいへんに安易に考えている向きがあるんですよね。

襟立　安易に考えているというよりも、私や関口さんの考え方は、何をこむずかしい考えをしているかと、逆襲されますよ。サイフォンにコーヒーを入れて、ポコポコやったら出るじゃないかと、これが当世のやっている人の意見ですよ。

司会　最近のコーヒー専門店は、サイフォンというのが多いですね。

襟立　それから案外メリタ、カリタが多いですね。しかし、専門店、専門家としてコーヒーをやるならば、絶対に布ドリップですね。

私は新しい機械が出ますと、必ず同じ粉を、同じ条件で、一方は布ドリップ一方は新しく勧められる機械を全部使ってみて、もしも私のやる布ドリップよりもおいしいものが出れば、喜んで使わせていただくし、喜んで推奨しましょうと。ところが今だにどんな手法も、この布濾し以上のドリップはありませんから。

関口　固執しているわけじゃない。それ以上のものが発見されて、どなたかが発表してくださるとか、発明でもいいですけれども、そうしてくだされば、喜んでそれを採用するということにやぶさかでないんですよね。

現在までに開発された方法としては、布ドリップ以上のものがないから、結局それを推奨する。あれ以外にないんですからね。

襟立　井上誠さんも、ドリップから始まって、ドリップに終わると言われるのはそこだろうと思うんですよ。

今、関口さんがおっしゃるように、布濾しに固執して、我が身が慣れている手法だから、それを主張するんだとお考えかもしれませんが、我々自身が、自分の持っている記録を自分で破りたいからですよ。誰にも負けちゃいかんから、布濾しをやりながら、実はほかの研究をしているんですよ。

人に破られるより、自分の記録は自分で破るのが一番いいでしょう。

関口　自己最高記録を更新するということを、スポーツではないけれど。

襟立　それをもしも他人に更新されたら、我々の負けですからね。何十年もやっておる関口さんや私がぼやぼやして、布濾しに固執している間に、どうだ、こんなものができたじゃないかといわれたら、ある意味では敗北でしょう。頑固にそんなことを言っているからだということになります。

これもスポーツと一緒で、自分の持っている記録は、あるいは一般の認めているものでも、自分で破ればそれが勝利ですからね。関口さんもそうだろうと思いますが、我々は明けても暮れても、コーヒーを売ることよりも、よりよいコーヒーをつくることに専念しているわけですよね。

関口　売ろうという考えなんか、毛頭ないんです。

襟立　売るよりつくるほうが先なんです。ですから、売ることが先の一般の町のコーヒー専門店とか喫茶店とか、そういうものとは、我々は頭から発想が全然違うんですね。起点が違うんですよ。

我々はいいものをつくろうと、いいものさえつくれば、こっちから売ろうとせんでも求めにくるんだと。

関口　そういうことです。

ブームは奇抜なアイデアの行きづまり

司会　そういった点で、最近のコーヒー専門店ブームを考えるに当って、ブームの背景といったことについては、どういうお考えをお持ちでしょう。

関口　まず私が考えるのは、先ほどもちょっと言ったんですけれども、水商売、特に喫茶店を営業なさる方達の考え方が、コーヒーに対して非常に安易だということ。ところが、たいへん競合店が乱立して多いわけですよ。そうすると、よそよりも魅力を持たせるものがなければ、お客さんというのはこない。これは商売の共通点ですわね。

そこでたとえば音楽を聞かせてお客を呼ぶとか、きれいな女の子をはべらせてお客を呼ぶとか、それから室内をたいへんにきれいに飾り立てたり、豪華な気分を味わせることによってお客を吸収するとか、中には電話喫茶だとか……。

襟立　テレビ喫茶もあるし……。

関口　いろいろなものでお客を引こうとする。一つの手段として方法を講じたわけですよ。ところが、だんだんとそういうものに対する行き詰まりのようなものから、コーヒー専門店のような形態をしたお店が、ここで一つのブーム的な波に乗りはじめたというような解釈をしているんですがね。

司会　今さら何も目新しいもんじゃないというわけですね。

襟立　別に目新しくはないんですけどね。だからいつも言うんですが、いろいろ研究をしておいしいコーヒーを飲ませる店がどんどんふえてくれば、コーヒーのファンもふえる。そういうことによって業界というものは発展するんですから、まことに結構だけど、ただ単なる演出のようなものだけで、コーヒー専門店と銘打っているお店があまりにも多いんで、嘆かわしい。私はそう思うんです。

諸々参考にできるお店……私は昔からあまりよそのお店には行かない主義なんですけど、まるでこっちから派遣したような格好になりますが、新しいお店ができると、必ず何人かが行って、逐一観察して、レポートではないですけれども、報告がはいってくるんですよ。それを聞きますと、せっかくそこまでやるんだから、もう一歩進めてコーヒーの本質をもうちょっと研究して、おいしいコーヒーをお客さんに提供するところに持っていかないと、また忘れられて置いていかれちゃうと思いますがね。

味本位は理想論か

関口　私は東京喫茶店組合で、役員をやっていた時代があるんですが、会合、その他でことごとく意見が対立しちゃうんです。

喫茶店というものは、あくまでも飲食物を提供して、それによってお客さんからお金をちょうだいし、生活をしているんですから、その提供するものに関しては命がけで研究をし、値段が安いということも大事でしょうし、そういう意味で、利益というものは二の次に考えて、まず良心的なものを提供していくということを命がけで考えていかなければ、将来衰微をするというようなことを言うんですけど、それは理想論だというんですよ。

理想論は理想論だけど、そういう心構えで常にいなければいけないものだということを組合なんかで言うと、東京でも有名な大きなお店のご主人あたりから、そんなことを関口さんは言うけれども、かりにそういう時期に至って衰微してきた時に、めんどうをどこが見てくれるのか。お客がめくらで何もわからない時にもうけるだけもうけちゃうのが商売人なんだということを、堂々と言われましてね。だいぶ昔ですけれども、そういうことを言うような業界なんで、やめたんですよ。

襟立　今、関口さんからお話の出たコーヒーを業とする限り、それが人間の体に有害であったり、そういうものを我々は売っちゃならない。それがためにどういう出し方がよいかということの研究の一つにも、それがあるわけなんですよね。

コーヒーでも出し方が悪ければ、体に悪いかもしれません。それをいい状態で提供するのが、我々の研究でしょう。コーヒーというものは、おいしさがまず大事ですけど、毒を飲ましちゃならん。大いに研究して、おいしいということと、質がいいということは、我々の忘れてならんテーマですからね。

しかし、一般の人はそういうことを考えもしないから、話に出すといやがられるんですよね。これは大阪でも一緒です。ただ、売ればいいじゃないかと、これに尽きるんですよね。

しかしぼくらはつくるということが第一で、専門家の立場ですから、売るということは二の次になっています。だから、もっと研究してほしいですね。たとえばタンニンがどうだといっても、タンニンがなんだかわかりもしない。あるいはカフェインがどうだといっても、それはなんですかという人がコーヒー屋に多いですよ。そしてコーヒーを飲めば胃が悪くなるとか、コーヒー屋の主人でありながら、そんなことを言っているのがありますよ。

関口　私はコーヒーを飲みませんなんていう人がいるからね。（笑）

襟立　あなた、コーヒーを日に何杯飲みますかと聞くと、胃が悪くなったらいかんから飲まん。そんなものをよくあなたはお金をとって売るな、やめなさいとぼくは言うんですけれども、それなんかは、全くコーヒーの初歩も知らないということですよね。

ブームを単に流行で終らせるな

襟立　コーヒー専門店化のブームというのは、すでに戦前に日本にも外国にもコーヒーハウスとして、専門形態があったわけですよね。それが戦後、さっき関口さんがおっしゃった、なんでもいいから売れば良いということで、コーヒーという名前を付けて売る。言ってみれば、かき氷ではいかんからフラッペと名前を付けて、氷もコーヒーも売るというような形で、売れるものはなんでも売るというようなコーヒー店とか、喫茶店がふえてきましたね。それが本来の姿に戻ろうとする。それが背景じゃなかろうかと、ぼくは考えるんですがね。

だから元へ戻ればいい。決してリバイバルブームで戻るんじゃなくて、コーヒー専門店という姿を今、改めて求めていくようなことになるかと思うんですがね。たまたまここ一、二年コーヒー専門店化のブームが見えるとおっしゃるんですが、これは関口さんも同じ考えだろうと思いますけれども、これを流行にしないで、ブームにしないで、これをチャンスに、従来のコーヒー専門店の姿に立ち戻ってもらう。このままブームで消えてもらいたくないと思うんですがね。

だから、ここでコーヒー専門店なり、コーヒー専門店のたたずまいがその姿勢をちゃんと正して、立ち消えにならないようにしてもらいたい。それにはさっき申し上げたように、専門店らしい、専門家らしい研究も十分してもらいたい。経験も浅く、研究も乏しいと、どうしてもまたこれを売ろうか、あれも売ろうかで、だめになっちゃうんじゃないか、立ち消えになるんじゃなかろうかと思いますがね。

関口　同意見ですね。だから、今専門店としてやり出している人達は、まことに結構ですから、そのままでなしに、もう一歩研究を進めてもらいたいですね。先ほど襟立さんが言われたように、コーヒーは毒になるということが、一般常識として定着しちゃっているんですよ。

それほど今までコーヒーの業界は、悪毒を流していたとも言えるんですよ（笑）。罪滅ぼしではないけれど、今からでも遅くはないんです。保健所だって、衛生、衛生といって、あんなろくでもない、役に立たない衛生法規を振り回すよりは、むしろ喫茶店へ行って、毒になるようなコーヒーをつくっていたら営業停止をするようなところまで、これは極論だけど、そこまで取締まってもいいくらいですよ。

現在の日本のコーヒーというのは、それほど粗悪なコーヒーが多い。それはコーヒーが悪いんじゃなしに、コーヒーを扱う人間が悪い。

それから、日本ではコーヒーの一杯あたりの値段が高すぎますよね。

単価を釣り上げるコーヒー以外の要素

襟立　平均単価が高すぎます。

関口　客席の数、一日の営業時間、回転数、営業経費というものを計算すると、必然的に今の値段が出てくるわけですけれども、かりに二〇〇円のコーヒーを半分の一〇〇円にしても、二杯は飲んでくれない。それというのも、コーヒーを飲むと胃が悪くなるから、安いのは結構だけれども、二杯は飲まないと。そういう現状ですよね。

鶏が先か、卵が先かの議論じゃないけれども、安いからといって、一杯しか飲まないから、必然的に値段は高くなるわけですね。コーヒーが日本で普及する時に、みんながもっともっと良心的にやっていれば、こんなことにはならないと思うんですがね。

外国では、コーヒーを飲んだら、カップはさげてもソーサーは置いていって、ソーサーの数を数えて、あとで勘定を払うほど飲むんですよ。そういう習慣は、全く日本にはないわけですからね。だから、あんな毒のものを一日に五杯も六杯も飲むなんていうばかげたことができますかという人が多いんです。それは業界が自分達の首を締めているようなものですけど、飲む人こそいい災難なんですよね。

高いコーヒーを、しかも胃が悪くなるようなコーヒーを飲まされているんですから。これを改めなければ、日本のコーヒーの業界というのは伸びないのですね。

まず第一番にこれからやっていかなかったら……。

襟立　いいものを安く売るということが、肝心なことですね。

司会　最近のコーヒー専門店には相当高価なコーヒーがありますね。

襟立　値段の釣り上げの競争をやっているんですよ。それがためには、お店を立派にしたり、美人を置いたり……これはほんとうのサービスじゃありませんよ。

司会　味以外のことに気を使うということですね。

襟立　味のことなんか忘れているんですよね。中へ入ったら、何を飲んでもいいから、客単価を上げましょうというふうなことになっているんじゃないですかね。これは愛される店にもならないし、愛されるコーヒーにもなりませんね。

司会　反面、物価のレベルというのはあると思うんですが。

襟立　コーヒーは、どうも独走しているんじゃないかな。

関口　コーヒーの値段というのは、たばこ一箱の値段と大体同じくらいというのが、昔からの習慣ですよね。

襟立　ゴールデンバットが五銭の時に、大衆がまず飲めるコーヒーは五銭だったんですよ。そしてチェリーエアシップが一〇銭の時に、やはりそれよりちょっと上のコーヒーが一杯一〇銭だった。だから、たばこはそれをよく示していますね。

関口　今、二〇本入りで一〇〇円ですから、一〇本ですと五〇円ですね。ですから日本のコーヒーの一杯は、五〇円くらいでいいんじゃないかと思う。ただし、今、五〇円で売ったんでは商売にならないんですよ。

襟立　五〇円でおいしいコーヒーを飲ませたとしても、一時間、二時間おっても三杯飲みませんからね。

関口　コーヒーというのは、コストは非常に低いもんですよ。粗利益がものすごく大きいですからね。だから、一日に二杯とか三杯飲んでくれさえすれば、五〇円で売っても営業的には引合うんです。それを早くやってもらいたいですな。

襟立　コーヒーというのは、売り単価の荒利からいったら、こんなにもうけているのかといわれるほど荒いんですよ。

ところが、これを一日の売上げにしまして、客の回転からいきますと、これだけいただかんと商売にならん。コーヒーをそんなに飲んだら胃が悪くなるとか、食欲増進剤のコーヒーが、食欲が落ちるというようなことを言われるんですからね。

司会　やっぱり一日に一店では一杯くらいでしょうね。

関口　一店に一杯でも、一日に何杯も飲んでくれれば、延べで何杯か飲むことになるからいいですよ。しかし、それは平均のことを言っているわけで、普通今、都会では二杯、三杯飲むし、それから最近は変な話だけど、コーヒー一杯飲むのにも会社の経費で飲む傾向になっているでしょう。これはちょっとどうかと思うんですよ。身銭を切らないで、ものの味がわかる道理はないんですね。やっぱり身銭を切って初めてコーヒーの味がわかると思うんですけれど、それには今のコーヒーはちょっと高すぎますね。

司会　一杯何千円というのもありますね。

関口　あんなのは論外ですね。なぜ、ああいうことをしなけりゃならないのか、結局話題をつくるための一つの演出でしょう。さしさわりがあるかもしれないけど、そういうお店はなんか哀れを催して、気の毒のような感じがしますよ。

襟立　さしさわりがあっても、我々業者として、内輪からそれをいわなきゃなりませんね。我々も同じような考えでおるのかと思われたら困りますね。

これは内輪から火を出すようなことになりますが、業者同士としても慎んでもらいたいと、ぼくは思っていますよ。大阪の話だと思うんですがね。

司会　そのへんが聞きたかったんですが……。

襟立　はっきり言いまして、一般の人は素人ですから、それを責めようがないでしょう。我々はよく内容がわかっているから言いたいんですが、たとえカップをもらっても一杯五〇〇〇円、九〇〇〇円なんていうようなコーヒーは、ぼくが頼まれても断わりますよ。

カップがほしければ、カップ屋さんで買ってもらったらよろしい。それを含めて、コーヒーが高いといわれるのは困りますよ。

コーヒー専門店とか、コーヒー店とかいう限りは、多少同業者として心得えてもらいたいですね。これは大阪の痛いところですよ。そんなのは東京にはないでしょう。

関口　そんなにべらぼうに高くはないんだけど、たとえば九九五円とか、約一〇〇〇円くらいのお店がたまたまあるということは聞いていますけどね。

やってほしい自家焙煎

襟立　そうなると、コーヒー店ではありませんな。これはちょっと言いすぎかもしれませんが、将来コーヒー専門店という看板をあげる人は、自家焙煎ができるくらいの専門家であってもらいたい。

関口　全くそのとおりですね。

襟立　ただ、事情によって自家焙煎ができなければ、できるくらいの経験と、研究と、知識を持ってもらいたい。やる、やらんは別ですよ。やれるような人であってほしい。

関口　やれるだけの実力というか、そういうものをもってほしいですね。

襟立　できれば、なるべく自家焙煎をやってもらいたい。それが専門店である。

先程関口さんが、近頃のコーヒー屋さんがだんだん安易になってきたと、安易が粗悪になってきた原因の一つとおっしゃいましたが、その背景は、焙煎業者が安易にできるようなことを言って、自分のところの焙煎豆を売って歩く、これをおやりなさい、湯の通し方を教えますというようなことで、二、三日で、湯の通し方はこうしてやればいいんですよというようなわけで、たとえ、ドリップのように見えても、馬のマスクのような長い長い袋をポット中へ押し込んで、色があるまで出せば良いというような調子で教えていくものだから、体に悪いような粗悪なコーヒーができる。

みかけはドリップにみえて、ポットの底までつくような袋に、上から粉を入れて絞っているのがあるんですよ。これは煮出し、絞り出しですからね。だから問題はひょっとすると、あれは焙煎業者にあるんではなかろうかと。

それからもう一つは、「ランブル」さんのほうでも、家庭相手にお売りになっておりますけれども、私は一五年、二〇年来、日本はまだまだ家庭にコーヒーが愛されていないから、どんどん家庭に持ち込みたいというので、私もそれを考えてきたんですが、これを買いにきた人が、たて方を聞いたり、あるいは味を聞いたりして、満足に説明のできる販売店とか、あるいはコーヒー専門店で売っているだけに、実にとんちんかんな、滑稽な応答をしてくれるお店が多いんですよ。なんの知識もなしに、コーヒーを出し、コーヒーを売っている。

我々が店頭で十分に説明をして、いいものを売れば、自然、業界は繁盛すると言われるように、満足のいくように説明のできる専門家がおれば、ぼくはもっと伸びると思うんですよ。

司会　関口さんも豆の小売りはやっておりますね。いわゆる自家焙煎ですか。

関口　自家焙煎もそうですけど、小売りをやっているという一つの理由は、私は先ほども言ったとおり、業界に対して愛想をつかしているんです。ですから、私は覚悟を決めているんですよ。まず、家庭でおいしいコーヒーを飲めるように早く普及をはかろうと。

たとえば週刊誌でもいい、女性雑誌でもいい、なるべく家庭の主婦達が読める雑誌も含めて、あるいは講演会、その他、もしもそういうふうな講習会のようなものをやるという計画があるんだったら、喜んで行って指導をする。

家庭においしいコーヒーが普及することによって、業界を反省させようというふうな、遠大な夢を持っているんです。

気持ちはそういうことから、できるだけ家庭の人においしいコーヒーをつくってもらおうというので、私は小売りを始め、器具も、今、ちょっとできていませんけれども、ポットも特定のものをつくったり、それからドリップの布のフィルターなんかも自分のところで、自家製の手縫いのものをつくって、みんな実費でお客さんに分けてあげて、そして手をとって指導して、なるほど自分の家でつくったほうが、喫茶店で飲むよりもおいしいんだと納得させるように、各個撃破じゃないと、一人一人説得して……ですから、今、その数がだんだんふえてきまして、うれしい悲鳴というか、ちょっと焙煎が間に合わなくなっちゃうんですよ。

司会　まだまだお話しはつきないと思いますが、今日はこの辺で終りにしたいと思います。ありがとうございました。

第二部

自家焙煎って何だ！

――サザコーヒー・鈴木誉志男氏との対話――

柴田書店発行
「喫茶店経営」掲載
一九八三年（昭和56年）一月

関口　きょうは、濃度計とか水分測定器とか使用してコーヒーの味の追求をしておられる且座《サザ》（現在はサザコーヒー）の鈴木さんに会えるということで、楽しみにしてたのです。

鈴木　私も関口さんに来店願えるということで、ここ二、三日、本や雑誌を引っぱりだしてみたら、関口さんが前に書かれたところ、全部朱線引っ張ってありました。

私がこの且座を始めたのは、最初好きで始まったわけではないのです。父親から自分で立て、といわれて、とりあえず喫茶店をやったという次第。そのうちコーヒーに熱が入ってきて、という具合で進んできたのです。ですから本だけが唯一の頼り、教科書にしてきたのです。

関口　私自身も、やはりよその店は一切知らないんです。戦後、やむを得ずやり始めたくちですから。まあ、それ以前から好きだったということと、コーヒー一本でやり通せば、世間様が捨てておかないだろう（笑）ということですよ。

鈴木　私が始めたときはコーヒー専門店のはしりの時期でして、コーヒーのたて方が大事だというんで、従業員といろいろ研究したわけです。そのとき本を読んでいたら、焙煎をやらないで、本当のコーヒーはわからない。確か関口さんの話も入ってた。いろいろ理屈こねてやっていたときに、焙煎という文字にぶつかった。おい、焙煎って何だ！　ということになってしまったのです。この時は一瞬目の前が真っ白って感じ、今でも覚えてますよ。

関口　それまで全然知らなかった。

鈴木　ええ、それから私、思い切って三・六キロの焙煎機を買いました。ところが、その頃、豆屋さんがグリーンを売ってくれないんですよ。しかたないから、東京の合羽橋のユニオンのおやじさんに言ったら、一、二俵売ってくれた。しばらく、月一回の東京への買い出しが続きましたね。

そのときは、フレンチとか言ってわかったような格好してましたが、内心はビクビク。豆の種類やら、ローストの度合いとか、わからないことだらけ。

関口 かなり苦心なさったようですね、ここに来るまでに。

鈴木 ええ。豆を分けてもらうために、住田物産さんだけでなく、ワタルさんや日本珈琲貿易さんにも行きました。何せ私の店なんか小さいから、全然相手にしてくれないんですよ。

サンプルとるなんて、とんでもないことでね。(笑)

関口 豆の品種は、どのように決めたのですか。

鈴木 まずは品種のいい豆を欲しいということで、教科書に書いてあった最高級のグアテマラはＳＨＢを、モカはマタリ、ブラジルだったら№２の一八番を使おうと決めていきました。

豆を寝かせることの目的と意味

鈴木　一度お聞きしたいと思っていたことのひとつに、「豆を寝かせる」ということがあるんです。経済的問題が出てきますが、私なりに一生懸命挑戦しようと思って、借金して一年分ストックしてみたのです。やはり、日本の湿度で一番苦慮するところですね。あれはどういうふうにやってらっしゃるのですか。

関口　豆のストック・エイジングは、大変大事なことなんですが、現在の段階で、強いてエイジングする必要性はない。なぜかというと、まずエイジングをする目的というのは、豆をよくすることです。しかし、それをやることによって、すべてのコーヒーが全部よくなるのではないんです。というのは、ある条件があるんですよ。コーヒーの持っている力というか性質というか、そういうようなものによって、エイジングすれば必ずよくなるという性質の豆でなければ、やってもむだ骨になるわけですよ。それに適合するような豆というか、コーヒーの原料ですよね。

そういう生豆が現在日本には全然ないとはいえませんけれども、ほとんど現在の段階では入ってないから、おやりになっても、結局資金をただ寝かせるだけというようなことになって、空振りみたいなことになる恐れがあるので、あえてエイジングのためのストックということは、あまり積極的には勧められないと思いますよ。

鈴木　私よくわかりませんけれども、個性の強い豆とか、悪いくせの豆を、エンジングすることによって味を平らにするとか、それからやっぱりコクを出すためにエイジングをするとか、あるとするならば、私はあえて悪い豆のくせをなくすためのエンジングって、まったく無意味だなということを思っているんですけど。

私は豆を最終的に抽出するときに、一番いいぐあいのときに焼くために、ある意味ではエイジングするというか、コクを出すための寝かせ方というものが必要なんじゃないかなと思います。

関口　最終的においしいコーヒーをつくるための目的ですけれども、おいしいコーヒーをつくるためには、どんなに気を使って優秀なたて方、正しいたて方というか、それをやっても、材料がよくなければできるわけがないんですよ。お料理でも何でも同じことですよね。

そのいい材料を使うという目的のために、その前の段階として、たとえば焙煎だとか何かがありますけれども、それ以前に生豆の貯蔵というかエイジングの方法があるんですけど、それが先ほど申し上げたとおり、どの豆でもエイジングさえすればよくなるというんじゃなしに、ある特定の性質を持っている豆をエイジングすることによってよくなるんですけれども、いまおっしゃるコクが出るということは絶対にないんですよ。

コクはもう、その豆が持っている個性ですから、これはエイジングすることで出てくるんじゃなくて、豆が持っている力ですから。

そうでなくて、極端なこと言うと、エイジングする目的のコーヒーの豆というのは、先ほどおっしゃたくせがある。生で水々しい豆を焙煎して飲んでみたけど、ちょっとくせがあるというコーヒーがあるんですよ。そういうのは、エイジングすることによってシャープな面がまるくなってくるわけですよ。

それから、フレイバーは上がるんです。ですからいいコーヒーは、香りは非常によくなってきますけれども、コクとか力は、それそのものが持っているものがさらによくなるんじゃなしに、力があるやつで非常にシャープなごつごつというか、荒々しい豆の場合は、きれいに、なめらかにとれてくるわけですね。いわゆる角が取れてきてまろやかになるわけです。それでフレイバーが上がってくるわけですから、飲んで非常に当たりがやわらかくなるから、前よりフレイバーが下がったような感じがするんですよ。非常にまろやかになりますからね。

だけどいいお酒でも何でも同じように、刺激がないですよね。抵抗なしにまろやかに飲めるわけですね。そういうふうにするための目的のエイジングなんですよ。

ところがそういうふうな豆が、現在のところもうほとんど入ってないですよ。ですから無理にエイジングのためのストックは、いまの段階では勧められないというのが現状じゃないですか。

鈴木　私もやはり品質を安定させるという意味で、まとめて買うというところの方が意義があるような……。

関口　それは、現在の段階ではそうでしょうね。品質を一定に保持するためのストックは、営業政策上大変いいことです。

お客さんからのアイデアって大切です

関口　鈴木さんは、豆の水分含有を量る機材とか濃度計をお使いになっていると、前に「喫茶店経営」で読んだのですが……。

鈴木　私自身はメカニックなものに弱いんですが、幸い勝田の町は日立製作所の町といってもよく、周りに技術者とか化学者、それに勝田の場合は、国立茨城工業高等専門学校の学生がいっぱい客にいる。

話の中で、たとえば水質のことや、ローストのことをちょろりちょろりと話題にのせられる土壌があったのです、それで、コーヒーとはまったく関係のない分野の人から、ポツンポツンとアイデアを出してもらえる。

関口　それはいいことですね。教わる知識は部分的にちょこっとしたことですけれど、大変参考になることがあります。

鈴木　化学者の話しも、面白いですね。コーヒーの成分については本を読んで頭に入ってますが、きれいに整理されていません。その時に、水分測定器を作っている人がお客のひとりで、それをコーヒーに使えないかと思ったのです。

関口　勝田の方ですか。

鈴木　はいそうです。水分を測定する特許を東京理化と井関農機に提供しているコロナ電気という会社の社長です。もともとは米とか大豆の水分を測定開発しているのですが、コーヒーも穀物だから測れるだろう（笑）と。

関口　記事で読んで、今度お会いした時に、具体的にどのように活用なさっているのかお聞きしたかったのです。東京の南馬込のケット化学研究所でもつくっているらしいですね。

鈴木　豆を買った時にですね、コロンビアでも産地によって水分が片方が多かったたり、古くて水分が少ない場合があるのです。こっちおかしいんじゃないかと、豆問屋にいえないじゃないですか。（笑）

やはりいい豆を買おうと思うと、そういう水分測定して解っているか、解っていないか、違いは大きいです。使うのは、主にテスト焙煎の時です。

ローストする前に水分を量ってみて、それが一四%、一五%出たときに、ひとつの目安に使う。
古い豆だと持ってくる業者がいる。ところが実際管理その他で、水分は多かったりする。そのとき、データがあると、安心してローストできますからね。

関口 管理が悪くて、ふえちゃったものもありますからね。水分計の使い方は、豆のままでは計れないでしょうから、くだくわけですか。

鈴木 そうです。丁度ウスのようなものが付いていて、グッと圧力をかけて、つぶす。それから水分を計るのです。水分の多い豆は堅いですね。だいたい三回サンプルをとって、その平均値をとってます。まあ、自分の頭の中を整理するには、非常にいいものだと思います。
それから、もうひとつ、コーヒーの濃度計を使っています。

これは、コーヒーの抽出の時間やコーヒーの量や挽き方の細いか荒いか、焙煎方法によって味がそれぞれ変ります。それを人間の感能で美味いかどうか言いますと、情緒的で説明が難かしいのですが、濃度計があると指数が出ますから理屈で説明しやすい（笑）です。

挽き方や量の変化のデーターを三百ぐらい、指数で出したら、美味いコーヒーのストライクゾーンが出ました。それから水道水も都市によって濃度も異るのですね。

関口　何を含んでいるのかわからないが、ある程度の基準はだせますね。

鈴木　ええ。コーヒーを計ると、一〇〇ＰＰＭあります。そこで、店のものと飲み較べて、いったいどの程度の濃度のコーヒーがうまいのかといった目安をつけています。

プロバットは職人好みの焙煎機

関口　ところで焙煎なんですが、鈴木さんはいま、どんなローストをしていらっしゃるのですか。

鈴木　三・六キロの直火型で、六年間やってきました。その間、何回も燃やしたり、水にかけちゃったこともあって、ガタガタになってました。その頃、ブラジルに行く機会がありまして、その時、広島の面出清（十日市茶房店主）さんといっしょになりました。ドイツのプロバットがいいからと勧められ、四八〇万円と高かったのですが、二五kg釜を入れました。石取機やあれこれ含めると八〇〇万円になります。借金して購入してしまいました。そしたら、レストランチェーンをやっている友人が、月に一五

○キロをひき受けてやるといって助けてくれました。

関口　鈴木さんのところでは、ローストの度合は、どの程度ですか？

鈴木　ハイ。私の場合、ローストした豆の色は、あまり基準にしていません。必ず割って、豆のふくれ具合い、膨張率をみるのです。挽いたとき、もっとも表面積が脹らんだ場合、抽出するとき一番よく出るのではないかと私は思っているのです。

何分であがるというデータはとってますが、三、四回と一どきに焙く時に、釜の温度はその都度違いますから、その辺になると、もう勘です。なにせふくらみが優先して、色はあと回しになってしまう。今思うと、ジャーマンローストです。いかがなのでしょうか。

関口　当然それで良いと思いますね。

鈴木　単品焙煎をして、各店で配合率に合せてブレンドさせているのですが、コロンビアのローストが深くなったかなという時には、今週はコロンビアの量を減らしてほしいと、指示を与えてます。

関口　プロバット自体の可能性はいかがですか。

鈴木　非常に使う側にたって作られた釜ですね。空炊き防止とか安全性も高い。

それに熱風式といいますが、三本のバーナーを使い分けることで、直火式のような要素も出せるのです。

初め、二〇〇から二一〇度で豆を入れるのですが、その時は外側の火で、丁度ご飯を炊くようにずーっと煎っていき、水分が抜けたところで、残りの二つのバーナーを点火して、釜の下から焙く。すると非常に膨張率がよく、きれいにローストされます。特に水洗式のキューバや中南米の豆には、威力を発揮します。

関口　すべてのローストを、これで賄っているのではないでしょう。

鈴木　最低一〇キロ入れないとキレイに焙煎できませんから、量の少ないブルーマウンテンなどは、相変わらず三・六キロ釜を使ってます。直火式の場合、温度調整、時間が非常にデリケートなんですが、香りのいい、甘い香りが直火式にはありますから。

渋味のないコーヒーを抽出する難しさ

鈴木　お聞きしたいんですが、関口さんのところのコーヒーは、ドリップ式でまろやかな味を出していらっしゃいますね。そこでお聞きしたいのは、渋味なのです。渋味のないコーヒーを提供したいと、常日頃思って実験をやっているところです。

関口　渋味には二通りあるのではないかと思うのです。つまり、料理とか飲み物に邪魔になる渋味と、なくてはならない渋味ですね。コーヒーもまったく渋味がなくなって、味もそっけもなくなってしまいます。ですから、渋味をできるだけ取る努力、先ほどの邪魔になるアクを取るという意味での努力は結構です。

鈴木さんのところでは、具体的にどういう形でやっていらっしゃるのですか。

鈴木　まず最初、コーヒーを荒挽きにして、シルバースキンを全部取り除きます。その次に、メッシュの中でふると静電気がおきて、残りのシルバースキンが、ピタッと周りについて取れます。二番目に、微粉がコーヒーの味を左右してしまうので、メッシュにかけて取っています。

微粉から苦味が出るので、これを取ると、色自体も琥珀色のきれいな色になります。

先ほどの濃度計も、この基準を求めるのに使っています。

関口　一般的に言って、コーヒーの抽出には、ドリップとサイフォンがありますが、ドリップコーヒーに比べ、サイフォンコーヒーで提供する場合、ほとんど失敗しているのは、抽出時間が長いということですね。これで、余分のものまで抽出してしまい、どぎついコーヒーになってしまう。サイフォンを使いこなすのは大変難しい。

サイフォンでやると、濁りが出てしまうんですね。いわゆるアクといわれているタンニン質、クロロゲン酸をも抽出しまうからです。

これが、渋味を取るためにやられているといった、チャーフをとることと微粉をとるという点につながっているのです。

微粉については、無用のものですから、できるだけ取り除くにこしたことはないのです。

しかし、チャーフの場合は、コーヒーの重要な成分であるカフェインを非常に多く含有している。これはいたずらに取り除いてしまわないほうがよいかと思いますね。極端な表現ですけれども、鮎からうるかをとってしまったというくらい、腑抜けになってしまっている。

それと、タンニンも多いわけですが、タンニンを出さないようにするには、焙煎を深くする以外にないのです。チャーフのなかの渋味は、焙煎を深くすることによって、相当とれてしまうのです。また、抽出時の水色もよくなります。

ですから、ローストの浅いアメリカンコーヒーの場合、どうしても濁りが出てしまうわけです。

鈴木　ええ、そうですね。自然乾燥のモカやブラジルの場合には、同じようにローストしても、チャーフがよく焦げてきれいに黒くなっています。しかし、肉質の厚いコロンビア、グアテマラだと、シルバースキンは白いままです。

ところで、関口さんからアメリカンコーヒーという言葉がでましたので、お聞きしたいのですが、いかがですか。

関口　アメリカンコーヒーって流行りましたね。一般の人たちは、コーヒーは濃いから毒なんだ、だから薄くすれば、いくらか胃の負担が軽くなるという考え方だと思います。ところが、本当のアメリカンコーヒーは、うんと浅炒りにして、量をタップリ使ってあっさりたてたものですよね。味なんかほとんどないけれども、大変さわやかで、香りを飲むという感じですね。

しかし実際には、コーヒー専門店でも平気でお湯で割った、色だけ薄くしたやつをだしている。これでは匂いも香りもあったものではない。

鈴木　私の店では、うちなりの解釈でよいと考えて、中南米の豆をフレンチ気味にローストしたものをサラッと抽出して出しています。爽やかな味です。それでいいんじゃないかと思っているのです。

自然とお客さんを引きつけるコーヒー

関口　やはり、営業面、お客さんの好みに合わせることと、自己を主張するかね合いがなければいけないと思います。しかし、技術面では、お客さんの嗜好から一歩離れた問題として考えていくべきでしょうね。

私の場合、開店当初は、こっちからお客のレベルまでおりていって、それで客の知らないうちに、徐々に徐々にレベルを引き上げていきました。

そうすると、お客のほうでは気がつかないのですが、ある機会によその店で飲んでみたら、差がはっきりわかったというかたちですね。

鈴木　私は、来るお客さん、来るお客さんにコーヒーのこと無茶苦茶話をしてます。でも今反省してます。お客さんはそんなことより、気楽にコーヒーを飲むことを求めてきてたのかなと思うのです。

たとえば、お客が「コーヒー」と言うと、「何だしますか」と言ってしまう。コーヒーを飲みに来たのに、「何んという名前のコーヒーを飲むのか」と聞く訳です。お客はコーヒーの名前を知らないから、構えてしまうことがあります。単にコーヒーを飲んで帰りたいという客にとって迷惑な店だと反省してます。（笑）

関口　なるほどね。私の店でも今だにそれはあって、ある意味で営業妨害になっている。押しつけがましいとね。あそこの店に行くと、リラック

スできないというんですよ。（笑）

この間、ある雑誌に私の店の評が載っていました。それによると、ランブルでは、入念にコーヒーを淹れようとする努力のあまり、客の前に出されるときには、再加熱しないので、ぬるくなっているという趣旨なんです。ところがね、私の持論は、コーヒーの味が一番よくわかるのは、人ハダの温度のときだ、というのが主張なんですね。それで、熱くてもぬるくても、おいしく飲めなければいけないと思ってるんです。だから、「お客さん砂糖お使いになりますか」と聞いて、使わない客には、抽出してそのままの状態で提供し、使うと答えた客には、砂糖が溶けるように温めて出しているのです。その評をした人は、普段砂糖をつかう人なんですよ、きっと。

やはり、説明不足ですかね。考えさせられます。

鈴木　実は私も、勉強のために関口さんのところに伺っているのですが、初めての人が、「ミルク要りますか」といわれると、プレッシャー強いんじゃないですか。後から「ミルクやっぱり欲しい」といったら、怒られるんじゃないかとね。

関口　営業ということを結びつけて考えると、自分の言い分、主張をあまり強く出すのも考えもの。一人でも多くお客は欲しいですからね。欲しいけれども、すべての人に合わせようというのは、かえってアブハチ取らずになる。

私は、自分の店はコーヒーを飲む人の層のうちでも薄い部分だけでいいと思っている。店が小さいから、全部来てくれたんじゃ、入れきれませんからね。

それと、自家焙煎をまじめにやろうとすればするほど、採算面は難しくなる。けれども、一生懸命やって定着すると、地方都市の場合、圧倒的強みになりますね。

ですから、若い人たちに言うんですよ。自家焙煎で店をやるのだったら、東京はやめたほうがいい。これからは絶対、地方都市でやりなさいとね。鈴木さんの且座も、そんな店のひとつといえるでしょうね。

鈴木　本日は、関口さんにわざわざお出かけいただいた上、有意義な話をお聞かせくださり、ありがとうございました。

第三部

珈琲を透して

——コーヒーの美味しさの秘密を探る——

話し手　関口一郎

聞き手　森光宗男

（ＪＣＳ九州支部事務局　珈琲美美　代表）

日本コーヒー文化学会編
「コーヒー文化研究」No.４掲載
一九九七（平成九）年一二月発行

終戦後すぐのコーヒー状況

森光　こんにちは。お忙しいところ沢山の方にお集まりいただき、嬉しいかぎりです。今日は私たちの大先輩であります、銀座「カフェ・ド・ランブル」の関口一郎さんに来ていただき、コーヒーの美味しさとは一体なんなのか、じっくりとお話をお聞きしたいと思います。関口さんよろしくお願いします。

関口　紹介していただきました「カフェ・ド・ランブル」の関口でございます。

なにぶんにも八三歳になりましたもんですから、チョットぼけている所もございますので、どーぞその点ご了承願いたいと思います。要所要所では、わたくしなりに蘊蓄をかたむけて話できるんじゃないかと自負しております。なにとぞよろしく。

森光　さて関口さん、もう何度かお店にうかがって今日のために打ち合せをしました。

ところで、お店を開店された頃、戦後すぐに取材をうけられて書かれた本がございます。ここにある「自由国民」ですが、特別に関口さんのページが設けてあります。その頃というのは、コーヒーはどんな状況で飲まれていたものでしょうか？

関口　わたくしが珈琲の店を始めた理由は、コーヒー屋をやりたくってなったんじゃなくて、コーヒーが好きなもんですから…子供の時分から研究を続けておりまして、終戦後、ある事業をしておりましたがそれを失敗しまして、食いつなぎといいますか…かつての友人知己がコーヒー屋をやったらどうだと、コーヒー屋をやればまあ何とか食いつなぎぐらい出来るからやってみないかと…客はわれわれが連れてくるからとのすすめがあったものですから、それじゃコーヒーの好きな人だけを対象にやってみようかということで、まず最初は店舗を造るにしても終戦直後というのは許可がうるさい時代で、なかなか許可が下りないんですね。で、だいぶその点で苦労しましたけど、銀座の一画の路地の奥、傘をさして入れないような狭い、約八坪ぐらいの大きさでしたが…そこでコーヒーを始めた訳です。

その前に商売をしていました時にきていた昔からのコーヒーのマニアが非常に喜んでくれまして、わたしくのコーヒーを支持してくれたんです。と同時に、わたくしも商売をやるとなったら材料のいいものが手に入らないかというもので、前々からの知己であった多くの問屋さん、コーヒーの卸やさんですね、そこに戦前からの知り合いがいたものですからその方達をたよって…。

まだ輸入はされていませんでした。禁制品です。それから闇ですね。米軍の放出のコーヒーをいわゆる闇屋が扱っていて、一斗缶に入っていたものをGI（ジーアイ）コーヒーと言いました。それから一ポンド入っていたコーヒーをポン缶ポン缶と…これは闇屋の符丁だったわけです。そういうものしか手に入らない時代に、わたくしは生のコーヒーのたいへんに好く枯れてエイジングの行き届いていると言いますか、まぁ偶然にそうなったんですが、そういうコーヒーを問屋さんの棚にあるのを分けて貰いまして、それでまず自家用のコーヒーを作ってさしあげたと…それが大変に評判になりまして。

マズ銀座地区というのは物価の高いところで、その当時一番高いコーヒーが九〇円、もちろん闇のコーヒーです。米軍の横流れのコーヒーを使ったもので九〇円が最高のものでしたね。わたくしはそれならばと百円でスタートしてみました。ところが大変にお客さんに喜ばれましたね。これは商売冥利というか感謝をされたというか、もう最敬礼をされて帰られるお客さんがあるんですよね。戦争に行って戦死しないで生き延びて再びこういうコーヒーが飲めたというのは非常に有り難かったと、そんな意味もふくめて…。

そういうようなスタートをしたわけです。その後ですね、あっちこっち週刊誌もできて、まだ当時テレビはありませんでしたが、ラジオ、新聞ですね、そういうところの取材をうけまして…と同時にお客さんからの口コミでですね大変にお客さんが来てくれたので、まあまあ何とか食いつなぎと言うか維持はしていた状態で、その時「自由国民」の取材があったので記事を書いたのです。

店名の「ランブル」の由来

森光　そこで、昭和二三年にお店を開かれました。それで「カフェ・ド・ランブル」という名前を付けられたわけですね。ここに実際にランブル、琥珀をお持ちしました。皆さんに見ていただく為にたくさん、これはイエメンから持ち帰ったものです…お回ししますのでご覧ください。で、ランブル、どういうことでこの名前を付けられたんでしょうか？

関口　ランブルはフランス語でしてね、英語のアンバー、琥珀なんですよ。で琥珀色というのは、コーヒーの本当の真髄の色なんですよ。先ほど鹿児島の方が赤いとおっしゃってたけど、赤というのは紅茶ですよね。あくまでも赤くなきゃならないのが紅茶、いま赤い紅茶なんかないでしょ。

ですから飲めるような紅茶がないと断言するほど、現在の紅茶はコーヒーよりも品質が落ちています。そこをちょっと補足ですけど…。

森光　琥珀色というのにこだわるわけですけど、私たちランブルさんに行って感動的な美味しいコーヒーをいただくんですが、一つに濁っちゃいけない…コーヒーの液は冷めても澄んでいないといけない。しかしこれは逆に言えば、濁るということはどういうことなんでしょうか？

関口　一番気になる問題。美味いとか不味いとか好みの問題だとか、色々の面から論議されてますが…濁ってるコーヒーはアクが非常に沢山溶け込んでる状態。濁ってるコーヒー、これは戦後、常識的にコーヒーが体の為によくないという風のことが定着して、皆さんコーヒーは良くない、コーヒーは悪いと言っていたんですが、コーヒーが悪いんじゃない、コーヒーを扱う人間が悪いわけなんですよね。そのためにコーヒーを飲むと胃の調子が悪くなる、コーヒーを飲むと吹出物がでるとかいろいろ悪い面だけ強調されているんですが…。

これはあくまで私の持論ですが、濁ったコーヒーは良くないんです。どんな状態でも奇麗に澄んでいるコーヒーを飲んでいれば…現在、わたくしは八三歳になりますが、かくしゃくとして血圧なんかも一三八、そういう状態でどこも悪いとこないです。コーヒーを飲んでいるからだと言ってよく自慢しますけど。実際にさきほども、コーヒーは体に良いと強調されるお話がありましたけど、ただし悪いコーヒーを飲んだら…これは困るんですよね。ですからどういうコーヒーが良いか、端的に言えば澄んでいるコーヒーさえ飲んでれば大丈夫です。

澄んでるコーヒーはどうして見分けるかを簡単にいいますと、喫茶店なんかに行ってカップの中にスプーンをチョット軽く入れてみる…スプーンが奇麗に輝くように輝度をもっているような光を放つようならば澄んでいるんですが、濁ってるコーヒーはドンヨリしていますからすぐ分かります。それで見分けるのが一番てっとりばやいというか、飲む方もそうだし作る方もやっぱり濁ってるコーヒーだけは絶対出さないように気を付けて頂きたい。わたくしは常々そう思っています。美味いとか不味いとかそれ以前の問題ですね。体に良いコーヒーを、悪影響を与えないようなコーヒーを皆さん嗜んで頂きたい。

森光　エチオピアなんかでもコーヒーは儀式のなかで使われるんですが、力の象徴として使われるんですね。コーヒーの一粒、胚芽というか新芽が中にあります。だから種子なんですが。私たち節分の時に、鬼はソト　福はウチ、と豆まきをやったんですが、それは胚芽をもった種子が力の象徴だったから…そんな気がするんです。そしてコーヒーも…八三歳になられ、コーヒーを飲んでらっしゃる元気な関口さんをみますと、コーヒーの塊《かたまり》のようにもみえてきます。本当に実証していらっしゃる方でもあるわけです。

生豆の良し悪しの見分け方

ところで、私もコーヒー屋としても毎日コーヒーを淹れてているわけですが、問屋さんから、先ほどワタルさんからもお話をお聞きしたのですが、焙煎をする、小さいお店ながらも思いを込めてコーヒーの生豆も引きます。その時、コーヒーの生豆はどこら辺を基準に好いコーヒーとするか、個性的といってもよいと思いますが…関口さんはどこを見つめて買ってらっしゃるんでしょうか？

関口　先ほどもワタルの加藤さんから、良い材料を使わなければ美味しいコーヒーは出来ないという事が前提になっておりましたけれど…マメヅラですね。ただ、豆面をみてピンと解るというのはこれは並大抵じゃないですよ。そうですね、まず百年くらいかかるんじゃないですか。

森光　関口さんは、生の豆を置いて、遠くから眺めてみて、本当にオイシソウだというものの方を取ると本で読んだことがありますが…。

関口　これはネェちょっと、逸話になるんですが…昔、勿論戦前です。三井物産のコーヒーを扱われているベテラン、あの時分でもう白髪まじりの方だったからいいかげんの歳だったと思いますが、その方に紹介されて、三井物産が入れているコーヒーについて聞きにいったことがあるんですよ。その時いろいろ話をして頂いて、最後というか別れ際に、私は良いコーヒーと悪いコーヒーとに見分けるのにはどうしたらいいですかと質問したんです。そうしましたらね、「近くで見ちゃだめだ」と言われたんです。近くで手にとってどうしても判らなかったら、少し離れたところに山で両方並べて置きなさいと、そうして眺めた時の瞬間的に良い方のコーヒーは気品があるということを教えて貰ったんです。コレはあとで役にたちましたですよ。見本市なんかで置いてある材料を見たとき、良いか悪いか見るときには、同じ種類のものだったら、良いものには気品がありますよ。名言でしたね。

森光　なるほど。では…良い材料が手に入りました。いよいよ焙煎にはいります。私たちコーヒーは「焙煎が八割、淹て方が二割」と教わってきましたが、いざ焙煎を始める前に焙煎機を注文します。ウマク煎るにはアージャナイカ、コージャナイカと迷って注文をつけて機械を造って貰います。そこで、関口さんのコーヒー豆を見ますと、非常に膨らみがある。その膨らみというのは、使ってらっしゃる半熱風焙煎機がどこか違うのじゃないかと思うのですが？

関口　この問題について語るとなるとチョット長時間かかっちゃうんですが、まずその前に言いたいことがあるんですよ。生豆を輸入されているワタルさんなんか前において言うと差し障りがあるかもしれませんけれど、日本のコーヒーの輸入状況というものは大変に間違ったものですね。

なぜかと言うと、これは業者といっても生産業者ですね。現地の生産業者が時々わたくしのところに見えまして、でいろいろ話をきいてそれで憶測するんですが、日本の商社は豆をタタイテ買うと言うんです。最終的に決めたのに最後支払いになったらマタ値引きを要求する、そういう商社が多いと言うんです。ヨソ（外国）の商社は良い品物だったらプレミアムをつけてくれるのに、日本の商社はかえって安くタタクと。だから良いモノは出せないとこう言うんです。

で一つの例を言いますと、問屋さんがコーヒー屋さんに売込みに行くときに必ず下値をだすんですよね、いま使ってる豆よりも一〇〇円でも五〇円でも安い値段で売り込むっていう状況ですよ。安いの安いのという状況を続けていけば、仕入の安いモノをつかわなきゃ商売ならないわけですから、結局安いモノを買うことが一つの仕事になる。で、世界のクズ豆を日本が買っているんじゃないですか。私はそう思います。あの輸入統計表というのが、我々のところに毎月集計したやつが届きますけどね、で、年間のがついこの間、前年度のが届いていますけど、まあ輸入の裸値段ですけど、安いコーヒーばっかり買っている。これじゃ日本ネ、一所懸命に汗水たらして真剣にウマイのを作ろうたってダメですよ、材料が悪いんだから。

森光　まあ、ワタルさんの味方をチョットさせてもらいますと、最近、エレファント、というコーヒー豆を関口さんに見て頂きました。貝殻豆が多い豆なんですが、それもワタルさんから分けて貰ったモノです。関口さんに言わせると、美味しい生豆の見分け方に、貝殻豆が多く混じっているコーヒーは、一つの目安じゃないかとおっしゃってましたが…。

関口　貝殻豆。向こうでのデータを見ますと、シェルとうたってるんですが、これは欠点としてです。例えば小石だとか枝とか土とかいろいろあります。それが混ざってた時に、何点減点するかその減点対象にシェルが入っているんですよね。それを鵜呑みにしてシェルは悪いんだという風に直訳している方がいるんじゃないかという懸念があったので、実は昔から使ってるコーヒーでシェルの混ざっているものは非常にいいものが多かったので、森光さんにそんな話したらついこの間、エレファント、を手に入れて頂いて、あれを焙煎もいろいろやりました。実に良いコーヒーで、あれは近頃の白眉だと思いますね。但し焙煎してうんと時間をおかないと、ホントに良い味にならなかった。これも珍しいですよ。

森光　昔のコーヒーというのは、わりと時間をおいて好くなるんじゃないんですか?

関口　イヤ、時間をおいて好くなるというのは、生豆をエイジングする為におくことによってですけれど。ローストして火が入ったら、まぁ、その日はダメですよね、少なくても三日とか四日、まず一週間位ですかね。ですからホントにコーヒーの味の解っている人は店へ来ましてね、銘柄じゃなしに豆の状況を見るわけです。

ズーッと見ましてね、少し時間が経ってくると、肌に汗ばんでくるというか脂肪が浮いてきますね。そういう状況になっているのを見て、それをくれって注文する人がカナリ味の解る人で、そういう事をやる。だからある程度まで時間が経ったほうが美味しくなる。淹てたコーヒーは、すぐに飲んで頂かなくちゃなりませんけど…。

　そういうこともありますので、一概に焙煎したのを、煎りたて、挽きたて、淹てたて、なんてゴロがいいものだけ並べているのも、チョットどうかと思うんです。

焙煎機と焙煎について

森光　先ほどの焙煎機の話に戻るのですが、焙煎機をイメージする時に、どこら辺を気をつけたら良いと思われますか？　勘違いしている所があるんじゃないでしょうか？
　例えばダンパー、排気を調整する弁ですが、半熱風式の時なんかは閉じてしまいまして蒸らすわけですけれど、その蒸らす状態が非常に良い具合で蒸らすと、よく膨れるんじゃないかと、ソンナ推測が成立つわけです。特別になにかやってらっしゃるんでしょうか?

関口　そうですね、焙煎については…焙煎機を実際に使ってらっしゃる業者の方もだいぶおみえになってると思いますし、まるっきり素人の方もいらっしゃるんで、焙煎機のことをちょっと話してもよく理解して頂けるか疑問に思ってるんですが…ただ私が豆を膨らませる事の着想といいますのは、これもやっぱり戦前です、もう六〇年以上前の話ですけれど、ハイチだかドミニカだか忘れましたですけど、そこからお土産に買ってきたコーヒーを貰ったんです。封をきってみましたらね、コーヒーの形でなしに、コーヒーを圧力で潰してヒキガエルのようにペッチャンコって言葉あるけど、相当な圧力をかけてコーヒーを平たく伸ばした状態、こういうようなコーヒーが、かつてあったんです。

森光　時々混じってることありますよね。インドネシアとかモカとかに…伸ばしたわけじゃありませんが、中に混じってる…。

関口　イヤあれは機械的にローラーかなにかに挟んで伸ばしたんだと思うんですよ。で、それは挽いてたてるのかと思ったらそのまんまですね、お湯の中に放り込んで…そうすると平たくなってるのが水分を吸って膨張して、コーヒーが溶けだすっていう使い方だって…聞いただけですけどその時に、コーヒーってのはこれだけピタット潰れるくらいだから、これはかなり柔らかくなるなと思ったんですよ。かなり柔らかくすることによって、もう一つ目的としてコーヒーをたてる時に湯の浸透をよくする。小さく一粒一粒の粉に挽いた状態を考えてみますと、湿気ったコーヒーは中の細胞が埋まっちゃっているんですよね、ギュット。好く凋れて保存の良いコーヒーは細胞が開いているから、中へ湯が浸透し易い。いい状態のコーヒーってのは皆さんご存じですよね、たてる時泡が出ます。あの泡はコーヒーの粒の中にある気体が追い出されてそれが泡になる、だから出来るだけコーヒーの中に湯が浸透する為には、中の細胞をよく膨らました方がいいんじゃないかということを着想して…。

ご存じだと思いますが、コーヒーの焙煎機を作る富士珈琲機械ってのが東京の目黒にありますけど、そこの先代の亡くなった社長と、その問題についてよく論議したことがあるんです。日本ではコーヒーを目方で売っているからダメなんだと。みんな萎びたような…目方をかせぐためにロクに煎りもしないで、浅煎りのコーヒーが多く出回ってたんですよね。だからコーヒーを桝《ます》で売るようになったら日本のコーヒーは良くなるんじゃないかと、そういう着想をしたぐらいでね。

出来るだけ膨らませることによって、湯の浸透を助けてやる方法がいいんじゃないかなと、じゃあ膨らませるにはどうしたらいいか、ということであの爆弾アラレのあの窯の着想から、密閉してですね、熱をかけて膨張させる方法をとりまして、ある程度まで柔らかくなったところで、一気に中の空気を抜くんです。そうすると爆弾アラレじゃないけど、フーッとこう膨らんじゃってね、かなり中の繊維がよく膨らんで使い易いと言うか、そういう状態のコーヒーになる。それが熱風焙煎の着想をした理由です。

コーヒー・ミルの問題点

森光　なるほど。で、次にコーヒーを抽出する前にグラインドするわけですけど、実際コーヒー・ミルを家庭に一台、是非とも買って下さいと言うんですが、ナカナカ良いものが見つかりません。どういうものがお薦めできる良い歯なのか？　電動式でもいいのですが、お話して頂けますか。

関口　コーヒーを作る時に、まず焙煎という重大な要素をもっているものと、それからコーヒーを淹てるというか、作るというか抽出ですね。そういうものの間にコーヒーを粉にする、グラインドするという工程があるんですが、このグラインドの粉の状況でコーヒーの味がスゴク変わるということに気が付いてる方は割合に少ないですね。

例えば舶来の輸入した高いミルならば良いだろうというんで、やみくもにそういうものを使っている方もあるやと思います。だけどどういうミルがいいかということになるとですね、コーヒーを抽出する場合にですね、先ほど言った通り、アクがなるべく出ないようにコーヒーを淹てるには、コーヒーの粉の粒が揃ってなきゃダメですよね。出来れば同じ大きさに揃える。そうすると抽出する速度が同じになって…細かいのがはやく抽出が終わって、粗いところが抽出が遅れることがなくなって、バランスが崩れるようなことは起きないわけですけど、普通のミルはほとんどのミルが均一に挽けないんです。微粉が入っちゃうわけです。微粉の入ってるコーヒーは私は絶対に反対。絶対ですよコレハ。

森光　その微粉が入ってるのを見分けるのに何か、関口さんが昔使っていたものを持ってきて頂きました。

関口　はい、これは参考で…皆さんに見てもらっていいんですが、このフルイ（篩）は穴の大きさが一四メッシュですよ。このくらいに挽ける状態に、ミルは全部大きさを調節するところが付いていますから調節して頂いてですね、全部通るような状態で挽いて、もう一つは八〇メッシュといって普通これは毛ブルイと言ってますが、細かいフルイです。紅茶なんかの場合に使う細かい球形のお茶漉しでもいいんです。これで先ほど挽いたやつをもう一回ふるんですよ。その時に微粉が何パーセント出るかを見れば、それそのもののミルの性能を数字的に証明は出来なくても、例えば手持ちのミルが二台あると仮定すれば、どっちがいいかってのはそれですぐに判る。微粉が少ない方が絶対に味が良いです。

森光　しかし私たち、現代というのは科学が進みすぎて、余りにも雑味というものが取り除かれすぎて、例えば焼き物にしても、成分が純粋すぎると何か味わいがないなという気もいたしますが…。以前、非常に熱心にミルを作ってらっしゃる方がおられると聞きましたが？

関口　ミルの問題はチョット現在の段階では、日本に輸入されているミルを含めて理想的なものは無いと断言しても良いと思います。ただし、無いからといって使わないわけにはいかないので、妥協しないといけませんよね。そこで見当をつけるには、先ほどのようなもので見当をつけてみるということです。理想的なコーヒーのミルというのは、お聞き及びだと思いますが、グラニューレーターという機械が理想的なんです。ところがグラニューレーターというのはもう大変大きな装置で、機械の途中にデッキがあって、上にあがって監視したり調整したりなんかするような大きいもので、工場向きというか店に置くなんてことは到底できない。

しからば店に置くミルはどういうものが良いか、先ほどのテスターを作ってテストして見てください。参考までに申しあげます、小型のモーターというのはみな回転が速いんです。回転が速いと微粉が出やすいですから…それと同時に例えばプロペラのついたような「ムーラン」と名前がついたフランス製もあるし、「ブラウン」「フィリップス」なんかでも…名前をあげちゃいけないか…これはもうひどいですよ。三〇パーセントぐらい微粉が出ちゃう。ほとんどの素人の方がこれを使っているんですよ。手ごろだしカッコイイから皆さん使ってる。あんなもんでコーヒーを淹れてウマイとかマズイとか言ったって仕様がないですよ。根本的に、根本的な問題を解決していく。

水とコーヒーと布ドリップ

例えばの話なんですが、水の問題なんかだいぶ論議されている。ミネラル・ウォーターだとか山の天然水だとか、それは良い水で淹れたコーヒーの方が良いと頭では分っています。じゃあ実際に水道の水を使ったコーヒーとミネラル・ウォーターで淹れたコーヒーと飲み分けられる人がいたら手を挙げていただきたい。

お茶はいけませんよ、お茶は判るんだから。だけどコーヒーは、手前味噌になるんだけど、コーヒーは水なんかに負けないです。そりゃその辺の水溜りでくんできた水を使ったんじゃ困るけど、まず水道の水で少し時間をかけて煮沸したもんだったら、一向差し支えないです。パリの水は生水飲めないほど悪い水なんです。その悪い水の場所で…今は材料が悪いからフランスのコーヒーは決して美味しくないけど、曾て世界に冠たる覇を唱えたというフランスのコーヒーは代表みたいなものでしょう。そのコーヒーは悪い水でも出来たんです。だから水の関係じゃなく、やっぱり材料ですよ。材料が良くなければ、水をいくら良いもの使ったって何にもならない。

森光　コーヒーは水と火だけで調理されるものだと思いますが、良いコーヒーにするには、本当に良い材料でないといけないわけですね。そのままの味を引き出すという作業だろうと思います。

西暦一八〇〇年にフランスで、ドウ・ベロアという人がドリップ法というやり方でコーヒーを淹てたのがドリップの始まりと言われますが、関口さんのところでは、開店した当初から一貫してネルのドリップでコーヒーを淹ててらしたわけですね。

関口　それはね、最初からこれを使っているということよりは、曾てこのフィルターですね、このコーヒーを漉すのには何の材料、どんな形態が良いのか、この問題の追求をズーッと長いことやって、究極ここへ落ち着いたわけです。最終的にここに落ち着いたわけです。片面の、起毛が片側になっている…これは本当は織り方も問題になるんですけど、食品衛生法でうるさくて、許可の無いものはコーヒーの袋に使えませんから、出来合いのものを使ってますけれど、それとあと形態のいわゆる放物線＝パラボラの形態にしたいきさつも、物理的な関係でそうなったわけです。「自由国民」にこれを四〇数年前にその作り方を発表したんですよ。そうしましたら、ここ＝福岡の有名な「ばんぢろ」さんが、この記事がでた時に私の店へ飛んできましてね、この袋の事についていろいろ聞きたいということで…「ばんぢろ」さんは、これと同じ袋でズーットやっていたと思います。東京の神楽坂のお店にいらっしゃったと聞いてますけど大変な熱心な方で、唯一これを理解してくれた方ですね。

で、材料を申し上げます。動物質のものを使ったこともあります、例えばフェルトとか…、それから科学繊維、人絹…人絹って言葉は今はないのか…ナイロンですか…、それから鉱物質、ガラスの粉のようなものを固めて作ったものとか…、それから金属、特殊なもの＝レーザー光線で穴をあけたもの…材質はあらゆる手に入るものを使ってやってみて、究極ここへきたということで、最初からこれを使っていると言うことじゃない。

森光　なるほど、それで、片面の起毛したネルを使うということで、毛羽立った方を内側にするのがいいか外側にするのがいいか?…

関口　これは昔から皆さんだいぶ論議の的になっていまして、この問題についてはあまり科学的なことになるとよく解らないんですが…、日本コーヒー文化学会の理事の柄沢和雄さん、この方がある時うちの店にやってきて、「関口さんとこのネル、反対に…」ハンタイっていうんですけどね、「内側に平織りの方で外側に起毛している方をつかってあるのを、初めて南米の奥に行った時、そこの人がそう使っていたのを見た」と言うんです。これは理由があるんだろうと其処の人に質問したそうです、「どうして起毛した方を外にするんだ」って、そうしたら、「おまえさん、そりゃ昔から当たり前だ」って言われたそうです。

理由はよく解らないんですよ。ただ結果的に比べてみると、起毛を外側にした方がコーヒーが作り易い、淹て易いということ。それから同時に袋を縫うのにミシンでも縫ってみたんですがね、ミシンで縫ったものは良くないですね、味が全然違うんですよ。手縫いのものに適わない…その辺のデリケートな違いは、私には解りません。ハッキリ申し上げときますけど…。

点滴のための鶴口改善

森光　しかしそういう遊びの中に、隠されたモノがあるような気がいたしますね。例えば、関口さんいろんな趣味を持っていらっしゃる、それぞれ一流の腕前でいられますが…。

コーヒーを淹てる時のポット、これで点滴で…絶えず同じ調子でお湯を落とされます。

こういう落とし方というのは、火力を変えない焙煎の仕方と関係があるのでしょうか?

関口 焙煎はね、火力を変えない。あれは座標軸を決めるってことで変えないんです。

森光 じゃあ、これはどうなんでしょうか、点滴でピッチを変えないで落とす…。

関口 これは例えば、私は洋弓といわれるアーチェリーをだいぶ昔からやっているんですが、日本の弓道でもよく諺みたいなものがありますよね、「満を持して放たず」とそういうことですね。コーヒーをじっくり淹てる時には、本当にコーヒーが言うことを聞いて、コレデ一番美味しいところがでますよというトコロまでめんどう見て待ってやる。ソレデ最終的に矢を放つのと同じように一気にだす、というやり方ですね。

森光　点滴の中に「満を持した…」という発想が込められているということですか…。

関口　それは偶然にね…、モノゴトというのは何でも同じだと思います。ただ気持ちとして袋のなかにあったコーヒーをただ下に落とせば良いというコトじゃなしに、まぁキザな言い方だけど「一期一会」なんて言葉がありますけど、お客さんに対して「絶対に美味しいコーヒーを淹てて出してさしあげたい」そういう気持ちを起させる為に、ポットの構造というか、鶴口を改善したんです。これだと点滴で落とせるわけです。点で落とせるからソレができる。

珈琲店の将来へのアドバイス

森光　最後になりますけれど、珈琲屋さん、喫茶店、流行っているお店もありますが、どうも芳しくないトコもございます。これから珈琲屋さん、コーヒーはどうなっていくと思われますか？　珈琲店の将来、いいお店造りのアドバイスでもいいのですが？

関口　それは言いたいことたくさんありますけどネ…究極、美味しいコーヒーをつくる努力ってことが一番大事かもしれません。

ソノ昔になりますけど、ブラジルにコーヒー院ってのがありましてね、ブラジルのコーヒーを政府が干渉して統制をしてたコーヒー院というお役所があって、そこの総裁のコスタリマさんって方が…日本が高度成長期で日本が豊かになりつつある時期、まだ国際空港が羽田の時代ですが…羽田から私の店に着かれて、いろいろ日本のコーヒーの現状を視察する目的で見えた時の話をすると、参考になるんじゃないかと思います。

コスタリマさんいわく、「日本人はどの位コーヒーを飲んでいるんだ。一杯か二杯だと聞いているけど都会でもそうか?」と、その頃の統計で平均で二杯だったでしょうかネ。だいぶコーヒーを飲むようになったから、「希望がもてるからもっとコーヒーを買って貰いたい。貴方たちの同胞がブラジルでコーヒーを栽培している」とその人達を援助するにおいても、もっとコーヒーを買ってくれと要望があったんですヨ。ソレデ日本の店でコーヒーは幾らだと…その当時、ふつうの店で一五〇円でしたでしょうか…そのくらいの値段をいいましたら、高すぎると言うんです。そんなに高すぎちゃ、いくら日本が豊かになったといっても飲んでくれないと言うんです。

要は、もっと安くならないかという質問なんです。

これはニワトリとタマゴのようなもので、日本人はたくさん飲むといっても一日五、六杯だと思いますけど、その頃コーヒーを飲みすぎると胃が悪くなると、味に良くないという説が定着していたんです。事実、あの当時のコーヒーはホントにひどかったですよ…先ほどもお話ししましたが、米軍の放出のコーヒーですから彼らのコーヒーは焙煎が浅いんです、アメリカンコーヒーですから…浅いまんまの色で出しちゃウスイと言われるんで、ソレデ皆さん煮出すんです。色を付ける迄煮出す。ナベで煮出すこともあるでしょうし、主にサイフォンでしたネ。ボコボコやって色がでるまでやっていた。それを出していたから…そんなコーヒーを飲んだらいっぺんにやられちゃう。だからお金の問題じゃなくて、一日に何杯も飲んでたら胃が悪くなるからと言って、飲まない方が増えちゃったんです。

私は主張のなかに入れるのは、お客さんが必ず二杯、お代わりして飲んでくれることが前提になるならば、現在の値段の半分でいいってことを昔から言ってるんです。ヨーロッパのある国の話ですけど、コーヒーを飲み終えるとカップは下げるんですよネ、だけど皿はおいていくんです。それで帰りぎわにその皿の枚数で勘定する。日本の焼き鳥のクシと似てるんです。それほど何杯もコーヒーを飲んでくれる訳です。だから自然に値段も安くなるんです。でも、日本で安くしたって、胃が悪くなるからと思って飲まないです。

それでコスタリマさんに提案したのは、もしそれが嘘だと思うのなら、コーヒー院から宣伝で、主だった店に毎月一俵でも二俵でもコーヒーを無償で配りなさいと。でその店にくるお馴染みさんのなかから特定の人数だけお客さんを登録してノルマをかけるんです、一日一〇杯づつ飲むノルマを。でお金は取らないで飲ませる、タダで飲ませる。これをやりなさいと…誰も応じないからやってごらんなさいと…そうしたら「ブラジルでは一〇杯位だれでも飲んでいる」そう言うんです。とうとうそれは実現しませんでしたけど…。

コーヒーの普及というのは脇道にそれて行っちゃったんです、終戦後。どんどん脇道にいってしまった。それはコーヒーが悪いんじゃなくて、それを扱う人間、コーヒーに知識のない連中がコーヒーを扱ったから、コーヒーが毒になっちゃったんです。

森光　ウーン、コーヒーに道というものがあるとすれば、その道の真ん中を歩いて往くことだと…今日は思い識りました。

質問に答えて

さて、会場には「満を持して」ご意見、ご質問をお持ちになった方がおいでになると思います。余り時間もありませんが、どなたかございましたら…。

加藤　済みません、質問ではなくて…先ほど関口先生から辛いご意見を頂きまして、私、あまりワタルの宣伝をしたらいけないなと思って、チョット漏れた部分を誤解があったらいけませんので、現状をお話したいと思います。

ヤスイ・タカイと私はさきほどお話しました。イイカ・ワルイカがプレミアムなんだと申し上げました。私は天地天命に誓ってイイ・ワルイのグルメ（コーヒー）は、一円たりとも値切ったことはございません。ヤスイ・タカイという世界はおっしゃる通りです。これが日本のたくさんの数になっております。ただイイ・ワルイかの世界を値切ったら、必ずワルイものしか届きません。それだけ…やっておるつもりですので。

関口　有難うございました、どうも…。

森光　それではどなたかございませんでしょうか？

質問者A　先ほど、生豆のところでシェル、貝殻豆のお話がでたんですが、欠点豆と短絡的に考えない方が良いとおっしゃったんですが…モノの本とか先輩から教えてもらったりして、焙煎後のハンドピックでは必ず取りのぞいていたのですが、コレはどうなんでしょうか？

関口　シェルが混ざってる豆は煎りムラになるんですよ、なりませんか？

森光　なりますネ、なりやすいですネ。

関口　非常に煎りムラになりやすいんですよ。シェルの肉が薄い為もあるんですけど、その煎り方が悪いと煎りムラになるので、ハンドピックで捨てなさいということです。それその物が悪いんじゃなしに…焙煎の仕方が…これは又話がチョットあれですけど、タンザニアなんですけど…私、タンザニアに大使館を通じてコンタクトとりましね、良い豆をほしいからと交渉したことがあるんですが、向こうからきた手紙はネなんと言うかなと思ったら、日本じゃ無理だとこう言うんです。ソウソウ、先ほど伊藤博先生の話（シーボルトは、日本に普及させるには長寿の薬と宣伝し、生豆を下手に炒らせるより粉の缶詰を送るようオランダ本国に提言した）で、焙煎が日本じゃ無理だって話、タンザニアは全くその通りを言うんです。日本では無理だから自分の方で煎って売ってやる、とこう返事がきたんです。いや全くレベルをネ…いわゆるコーヒー生産国、発展途上国からみても、日本はレベルが非常に低い国だと見ている。ソレ現実です。

森光　それでは、もうお一人だけお受けしたいと思いますが？〈同時に二人挙手〉

質問者B　さっき琥珀を見て、琥珀はランブルという意味ですけど…コーヒーの液体と生豆のナチュラルの色、あと焙煎過程での色の変化そのへんを僕は連想したんですが、関口さんにとって、ランブル＝琥珀という意味はどういう意味なのか、も少し詳しく…。

関口　それは液体の方です。コーヒーを淹てて液体になったコーヒーのその色のことです。生豆の過程のことでなしに液体のことです。

質問者C　焙煎のことでお聞きしたいのですが、夏場と冬場と焙煎が変わりますけど…。関口さん時期的にはいつ頃が一番焙きやすいですか？

関口　それは全然関係ないです。ホントに関係ないです。時期なんか…気温も湿度も全然関係なしに、ハイ。

質問者C　その時にですね、夏場と冬場と温度差がでてきますから、調整のタイミングが変わってくると思いますが、火力の方の調整もしくは時間の方の調整があると思いますが、どちらの方にポイントを置かれますか？

関口　火力の方は全然フィクスドで、座標軸としてですね、温度は終始一貫、同じ温度で処理するということですね。あとはダンバーの操作だけですね。何か基準になるものを決めておかないと、不安定になっちゃうんです。どこが悪いんだか分からなくなるんです。

森光　ハイ、まだまだ有るかとは思いますが…このあと日本コーヒー文化学会「九州支部の設立の集い」がございます。それが終わりまして、九時から一二時まで「夜なべ談義」というデスマッチの話し合いをやります。質問が足りない方は是非ご参加下さい。きょうは関口さん、有り難うございました。（文責・森光宗男）

〈付記〉当日、第一部［太宰府天満宮コーヒー奉納・二〇〇周年記念講演］・講師／伊藤博氏。第二部前半［世界にグルメ・コーヒー豆を求めて］・講師／加藤保氏が講演した。

第四部

琥珀色のくつろぎ

――珈琲は人肌で味わう――

対談者　常盤新平

安価な珈琲を手軽に飲ませる店が増え、昔ながらの喫茶店が押されぎみの感がある。しかし、店主の人となりがそのまま形をなしたような喫茶店には、独特の個性や味わいがあり、訪れる人をなごませる。そんな店には、人肌くらいに冷めても美味しく飲める、本物の珈琲がある。

小学館発行
「別冊サライ」珈琲特集掲載
二〇〇〇（平成一二）年

常盤　『カフェ・ド・ランブル』へは以前から来てみたいと思っていたのですが、なかなか行くチャンスがなく、今日が初めてです。

関口　そうですか。ありがとうございます。

常盤　ドアを開けるとき、少し緊張しました。

関口　うちの店は入りづらいでしょう。実は、わざと入りづらいような造りにしてあるのです。

常盤　それは、どうしてですか。

関口　ある種の決心をしたお客様にだけ、入ってきていただきたいと思いましたものですから。

常盤　どういうことでしょう。

関口　うちは看板にもある通り「珈琲だけ」の店です。ところが、この「珈琲だけ」というのを、レギュラー・スタイルの珈琲しか置いてなくて、座れば何もいわなくても決まった珈琲がでてくると解釈されるお客様もいらっしゃるのです。

常盤　なるほど、珈琲といえばひとつに決まっていると思っているのですね。

関口　また、そうは思っていらっしゃらなくても、通りがかりのお客様などは、珈琲だけのメニューを見て困ってしまわれます。そうなると、こちらとしてはひとりひとりに説明しなければなりませんから。

常盤　こちらのように、豆やスタイルを選んで注文するという喫茶店はあまりないですからね。

関口　ですから、一度店の前で立ち止まって、ある意味で決心をして入ってこられるようなお客様だけに絞り込みたいと思いまして、西銀座からここに移るときに、入りにくい印象を持たせるように工夫したのです。

常盤　私なども決して珈琲通ではありませんから、こちらのメニューを見ても迷ってしまいますね。

関口　珈琲にはどうしてもその人の好みが出ます。特に関心を持っていなければ、喉元三寸で美味しかったとか、まずかったという表現で終わってしまうのだと思います。

でも、少しでも関心を持ち出すと、自分の好みというのが絶対に出てきます。

常盤　そうでしょうね。

関口　そうした好みに対応するために、うちのような店が存在しているのです。

喫茶店の温もりに惹かれる

常盤新平

私は珈琲だけが好きというより、喫茶店に入るのが好きなのです。いろいろな街をよく歩きますから、歩き疲れて一息つきたくなると喫茶店に入って珈琲を飲みます。

でも、おもしろいことに私にとって珈琲というのは、東京のものなのです。

地方にも美味しい珈琲を飲ませるお店はあるのですが、不思議と地方に行くと、東京の珈琲が飲みたくなるのです。

私の場合、喫茶店で珈琲を飲むことが生活と仕事の一部になっているので、珈琲を飲む場所は、やはり東京の喫茶店でなくてはならないのです。

なじみの喫茶店へ行き、カウンターに座って珈琲を飲む。そしてマスターと二言三言話をして帰ってくる。それが生活の中でガス抜きになっているのです。

また、一度なじんだ喫茶店というのは、忘れがたいものです。私にも、何年も行かなくても、その場所の近くまで行くと必ず立ち寄る喫茶店というのが何軒かあります。

珈琲が美味しいというのも、その店に行く理由のひとつではありますが、それ以上にそこにいるマスターやマダムが忘れられないのです。喫茶店の一番の魅力というのは、そうした人肌の温もりにあるのではないでしょうか。

例えば『カフェ・ド・ランブル』なら、いつ行っても関口さんがいらっしゃる。それがその店のシンボルであると同時に、魅力なのだと思います。

最近、チェーン店のコーヒーショップが増えていますが、ああいうところは絶えず人が回転しています。若い女性が「いらっしゃいませ」「ありがとうございます」と言うには言いますが、あれほどおざなりに聞こえるものはありません。マニュアル通りの言葉からは、他人のような冷たさしか感じられないのです。

でも、なじんだ店に来ると、別に「いらっしゃいませ」と言われなくても、人肌のような温もりが空間に漂っているのが感じられるのです。

それが「あそこの珈琲が飲みたい」と思わせる魅力につながっているのだと思います。

常盤　関口さんの著書『銀座で珈琲50年』に、自分の飲みたい珈琲を的確に注文できる人が本当の「通」だとありましたが、疲れたときに飲むには、どのような珈琲がいいのですか。

関口　疲れているといっても、肉体の疲労と頭脳労働による疲れでは違いがあると思いますが、肉体疲労の場合は、概して甘味の強いものがよいと思います。甘味があり、ミルクもたっぷり入れた珈琲をお飲みになるのがいいのではないでしょうか。

常盤　こちらのお店では、お客様にお砂糖やミルクを使うかどうかお聞きになられているようですが。

関口　うちでは珈琲を淹れたらなるべく再加熱しないでお出しするようにしているのですが、お砂糖をお使いになる方には溶けやすいように温めて出しているのです。

常盤　お砂糖を入れるかどうかについては、よく議論されていることだと思いますが。

関口　お砂糖は入れないのが通だとか、ミルクを入れるのは野暮だとかいう人がいますが、私は自分の飲みたい方法であれば、どのような飲み方をされてもいいのだと思っております。

常盤　個人の好みでいいということですね。

関口　はい。ですがこれはあくまでも飲む人の立場の話です。作り手の立場からしますと、やはりお砂糖やミルクを入れられたくはないですね。

常盤　ほう。それはどうしてですか。

関口　お砂糖やミルクの助け……助けという言葉もどうかと思いますが、そういうものに頼らないで、美味しく飲める珈琲を淹れて提供するというのが、作り手の立場だからです。

常盤　よい珈琲なら砂糖やミルクを入れなくても美味しく飲める、ということですね。

関口　私個人は、そう主張したいですね。珈琲の好みというのは非常にデリケートなものなので、自分の口に合う珈琲をその人が淹れるのが一番いいと、本当は思っているのです。

常盤　私も自分で珈琲を淹れることはあるのですが、これがどうもまずくて。家内が淹れたほうがまだ美味しいし、それよりも行きつけの喫茶店の珈琲のほうが「うまい」と感じますね。うまい珈琲を淹れるのはプロにお任せしようと思っています。

関口　これは珈琲に限ったことではなく、飲食物すべてにいえることだと思いますが、面倒見というか、手間暇をかけて悪い条件を排除して、いいところだけを集めないと、本当に美味しいものというのはできません。

常盤　やはり手間暇をかけないとだめなのですね。

関口　でも丁寧というのは、うんと時間をかけろということでもありません。手際よくというのも大切なことです。

家庭で美味しく淹れるコツ

関口一郎

珈琲の美味しさには好みの問題が大きく影響しますので一概にどうであるのがよいとはいえません。ただ、好みの問題を含めていえることとは、バランスが大切だということです。

珈琲の味わいには苦味、甘味、酸味、そして渋味も含めたコクという四つの要素があります。

そして、これらの要素がバランスよく抽出されたものが、理想的な珈琲となります。

家庭で美味しい珈琲を淹れるには、まず良質な豆を手に入れることが必要です。

残念なことに現在日本に輸入されている豆の水準はあまり高いものではありません。それでもスーパーや百貨店で買うよりは専門店、それも自分で焙煎しているところのほうが条件としてはよいでしょう。

もうひとつ重要なのは、豆は淹れる直前に挽くということです。よく挽き売りコーナーというのがありますが、これはいただけません。どれほど理想的なミルで挽いても、時間が経ったものはよい珈琲にはならないのです。

家庭用の電動ミルは手挽きのミルより微粉が多く出るので、あまりお勧めできませんが、淹れる直前に手早く挽けるという点ではメリットがあると思います。

微粉は珈琲の濁りの原因となりますから、目の細かいふるいにかけて微粉だけ取り除くとよいでしょう。それだけでも随分、味が違います。ただし、家庭用の電動ミルだと、ひどいものでは三〇パーセント近くの微粉ができますので、その分を見越して豆を多めに使う必要があります。

ペーパーフィルターでもかまわないと思いますが、本当に美味しい珈琲を求めるのならば、やはりネルドリップで淹れることをお勧めします。

うちでは口が鶴のくちばしのように細くなったホーローのポットを使っていますが、これはお湯を一滴ずつ垂らすことができるようにと考案したものです。

一滴ずつ落としたお湯でまず珈琲をしめらせますが、できるだけ丁寧に行なってください。これは珈琲を淹れる予備行動のようなものです。

この準備の最終段階で下にポタリポタリと滴が落ちてきたら準備完了。今度はお湯の量を多くしてスッと短時間で出します。こうすると家庭でも濁りのない珈琲を楽しむことができます。

常盤　関口さんの本を読むと、自分が普段飲んでいる珈琲は、果たして本当の珈琲なんだろうかという気がしてきますね。

関口　それはある意味で仕方のないことだと思います。今の日本では、よい珈琲に出会うチャンスがなかなかありませんから。

常盤　日本に入ってきている珈琲豆は、それほどひどいのですか。

関口　日本だけではなく、豆を生産している業界全体の質が低下していると思います。もちろん質のよい豆も作られてはいますが、どうしてもコストがかかりますので、そういうもののよさを理解して買ってくれるところに輸出されているのです。

常盤　日本の珈琲の質が悪いのは、珈琲を楽しみとして飲む人が少ないからだともいわれていますが。

関口　もちろんそうだと思います。しかし、それは鶏と卵はどっちが先かという問題と同じで、よいものに出会うチャンスがないから飲む人が期待しなくなるというのと同時に、よいものを求める人が少ないから入ってこないという側面もあるのです。

常盤　難しいですね。

関口　よい豆というのは、どうしてもコストがかかります。そろばんが先に立ったらよいものは手に入りませんよ。

常盤　そろばんを度外視しなければ、ということですね。

関口　そうです。

常盤　でも、関口さんはそれをしてこられたわけですよね。

関口　ええ。ですからいつまでたっても貧乏していますよ（笑い）。

常盤　日本の珈琲の味というのは世界の水準からいくとどうなのですか。少なくともアメリカのものよりは、日本のものは美味しいと思うのですが。

関口　どうなんでしょうか。ただ、世界的に一九六〇年を境に質が落ちてきているということはいえると思います。

常盤　そうなんですか。

関口　私は幸いにも本当に美味しい珈琲を飲んだときの味の記憶を持っています。しかもその記憶というのが、ものすごく鮮明なのです。ですから、今の珈琲の味を見ると、どうしてこういうものを作るのだろうと残念でならないのです。

常盤　その本当に美味しい珈琲を飲まれたというのはいつ頃のことですか。

関口　もう遥か昔、戦前のことです。本当に美味しい珈琲に出会ったときには、「生きていてよかった」という言葉が実感として出てくるほどの感動がありました。珈琲というのは、本来はそれほど美味しいものなのです。

パレルモのエスプレッソ

常盤新平

二十一年前、イタリアのシチリア島へ行ったとき、パレルモの海辺の屋台で一杯のエスプレッソを飲みました。
日差しが強く、とても暑い日でした。気候やその場の雰囲気などに影響されたこともあるのだと思いますが、その屋台で飲んだエスプレッソをとても美味しいと感じたのです。
そのときの珈琲が本当に質のよいものだったのかと聞かれれば、珈琲通ではない私にはわかりませんが、美味しかったという記憶がいまだに残っています。

常盤　先ほど珈琲の美味しさは個人の好みに左右されると伺いましたが、一般的によい珈琲とそうでないものを見分ける方法というのはありますか。

関口　よい珈琲というのはきれいに澄んだ琥珀色をしています。珈琲の濁りはアクが原因ですから、珈琲のバランスが崩れていることの表れなのです。これはスプーンを使うと簡単にわかります。

常盤　どのようにするのですか。

関口　スプーンを斜めにして、カップに浅く入れます。そうすると、スプーンの凹みに光が反射して、明るく輝くところが見つかるはずです。その輝度の高いところ、つまり一番よく光る部分の輝きが、スプーンをカップの底に沈めても変わらなければ、澄んだ珈琲といえます。コーヒーが濁っていると、雲がかかったようになって、輝きがぼやけます。

常盤　タレーラン（ナポレオン時代のフランスの政治家）の唱えた理想の珈琲にも、「天使のように清らか」という一節がありましたね。

関口　タレーランの理想の珈琲は、最後の一節だけは私の意見とぴったり合いますが、それ以外のところはどうもいただけません。特に「地獄のように熱く」なんていうのはもってのほかです。

常盤　そういえば、先ほどいただいたドゥミ・タッスは、熱々ではありませんでした。それに、非常に薄いカップをお使いですね。しかも取っ手がない。

関口　これは有田焼きで、うちのオリジナルです。私が作る珈琲は、非常に繊細な薄いカップで飲んでいただきたいと思ったのです。砂糖を入れる方にはもう少し温めた珈琲を取っ手つきのカップでお出ししています。

常盤　たいへん美味しかったです。

関口　お茶でもお酒でも、本当に質のいいものは人肌でいただきますよね。

常盤　なるほど、そうかもしれません。

関口　作り手の立場からすると、人肌というのは、実は一番欠点が見えやすい温度なのです。ですから良し悪しを鑑定する場合には、人肌ぐらいの温度が一番よくわかるのです。

常盤　一番欠点の見えやすい温度だからこそ、その温度で美味しいものは間違いないということなのですね。

関口　ある有名な作家の行きつけの喫茶店のマスターが、「先生はせっかく淹れた珈琲を冷めるまで放っておいて、わざとまずくして飲んでいる」と嘆いていたという話を聞いたことがあるのですが、これは私にいわせればまったくの嘘です。珈琲は冷めても美味しくなければいけません。

常盤　美味しい珈琲といえば、ある有名作家がやはり珈琲がとてもお好きで、ある日、美味しい珈琲を飲ませる店があるからと、奥様を連れて行かれたのだそうです。ところが、奥様が店のママに話を聞いたら、何とその珈琲はインスタントの「ネスカフェ」だったというのです。

関口　獅子文六さんの『可否道』という作品にも、インスタント・コーヒーの話が出てきます。

常盤　珈琲マニアの会合で、ある男がインスタント・コーヒーをちょっとひねって出したら、そこに居合わせた人がレギュラー・コーヒーだと信じたという件ですね。

関口　はい。でも私にはこうした話がどうも信じられないのです。珈琲マニアのグループでしたら、ちょっとひねろうが何をしようが、インスタント・コーヒーだとわかりますよ。

常盤　私もインスタント・コーヒーを飲みますが、インスタントというのはそれほどひどいものなのですか。

関口　昔はよいものもありましたが、残念ながら現在市販されているものはすべてだめですね。よいものを作る技術はあるのだと思います。ただ、昔のよいものは値段も高かったですから、ここでもそろばんが先に立って、結局は製造されなくなってしまったのでしょう。

オールド・コーヒーの魅力

関口一郎

私がオールド・コーヒーなるものの存在を初めて知ったのは、アメリカのW・H・ユーカスという人の『オール・アバウト・コーヒー』という本を読んだときのことです。

当時は日本語に翻訳されたものがなく、学生だった私は一か月間、毎日上野の国会図書館に通って辞書を引きながら夢中で読みました。

オールド・コーヒーとは、よく実ったよい生豆を温度、湿度の調整をした倉庫で熟成させたものを指します。うまく熟成したコーヒーの味は、寝かせていないものと比べると丸く、香りも一段とよくなります。

このように生豆を熟成させることをエイジングといいますが、すべての豆がエイジングでよくなるわけではないというのが、エイジングのおもしろいところでもあり、難しいところでもあるのです。一種の賭けといえるでしょう。

オールド・コーヒーを看板にするためにエイジングをやってみたが、結果が出なくて諦めたという話を聞いたことがありますが、エイジングばかりは二年や三年で結果が出るものではないので、無理もありません。

エイジングを成功させるには、経験を通して適した豆を見極める力をつけるしかないのです。

私も自宅にエイジングルームを作り、成功と失敗を繰り返して今に至っています。あらゆる豆を試しましたが、不思議とブラジルのものだけはうまくいきませんでした。

それでも、一〇年寝かして少しもよくならず諦めて忘れていた豆が、二〇年経ったら驚くほど美味しくなったという例が実際にあり、オールド・コーヒーはとても奥の深いものなのだと、改めて痛感させられたこともあるのです。

今は、残念ながらエイジングできるようなよい豆がほとんど入ってきませんので、あまり多くはやっていません。

在庫も一時は五トン近くあったのですが、今はその半分以下です。質の悪い豆ばかりが作られていると、いつかエイジングルームが無用の長物になる日が来るのではないかと心配しています。

常盤　エイジングルームをお造りになったのは、いつ頃ですか。

関口　最初に造ったのは昭和三〇年頃です。最初は日光があまり当たらない、温度変化のない部屋に目張りをした程度のものでした。

常盤　東京で湿度と温度を一定に保つには、かなりご苦労されたと思いますが。

関口　そうですね。部屋の内装をステンレスの板で覆ったり、いろいろなことをしました。今は除湿機とエアコンを使って管理しています。そうした設備が整ってからだと、二〇年ちょっとになります。

常盤　珈琲というのは、とても奥の深いものなのですね。

関口　それはもう、ものすごく奥が深くて、いくらやってもきりがないですね。うちのメニューには番号がついているのですが、ナンバー2から19までで、ナンバー1はあえて外しています。

常盤　もちろんナンバー1は存在しないということですか。
関口　もちろんナンバー1に一歩でも近づこうという努力や工夫はいろいろな面で常にしています。それでも、完全無欠ということは永遠にあり得ませんから。
常盤　作り手がこれほど努力をしているのですから、飲む側も心して味わわなくてはなりませんね。
関口　毎日、安くてまずい珈琲を飲むのではなく、三日に一度でも、価値を正当に判断して一杯一〇〇〇円の美味しい珈琲を飲む方が増えれば、日本に入る豆の質は必ず上がってきます。
常盤　日本人ひとりひとりの珈琲に対する妥協が、悪い豆とまずい珈琲という現実を作っているのですね。
関口　珈琲が世界に広まったのは一六世紀、ルネッサンス以降のことです。それからわずか五〇〇年ほどの間に、世界中のどんな辺鄙な場所でも飲まれるほど珈琲は普及しているのですよ。最初からまずい珈琲だったら、これほど普及しなかったはずです。本当の珈琲はとても美味しいものなのだということを、ひとりでも多くの方に実感していただきたいですね。

常盤　今日は美味しい珈琲を堪能させていただきました。

付録

コーヒー読本

本文は『コーヒー読本』（コーヒー豆本12）として、いなほ書房より、一九九〇（平成二）年に出版されたものを、再録した。

コーヒーを飲みすぎると胃腸障害を起こすというのはとんだ濡衣。

コーヒーを飲みすぎて胃の調子が悪い、という言葉をよくききます。いったい一日どの位飲むのかきいてみると、五、六杯だという答。バケツにですか？　ときいてみたくなるくらいのもので、これは、誤ってたてられたコーヒーを飲んだからなのです。

世界で一番コーヒーを飲んでいるのは、北欧圏の人で、一日二十杯から三十杯といわれ、三、四十分に一杯の割合です。話半分としても一日十杯からですが、それでもコーヒーによる胃腸障害の話は未だききません。食生活や体質の相違はあるにしても、彼らとて同じ人間で、特別に頑強な胃袋を持っているわけではありません。

結論を先にいうと、胃腸に悪いというのは、実は珈琲の成分の中のタンニン酸やクロロゲン酸が有害なので、間違ったたて方をした、そういう成分が含まれているコーヒーを飲むから悪いのです。上手にたてたコーヒーは、決してそのようなことはありません。従ってコーヒーが胃腸に悪いというのはとんだ濡衣で、コーヒーが悪いのではなく、これを間違った方法でたてる人が悪いのです。

長年の経験で自然と工夫をして、有害成分を出さないたて方で飲んでいるなら、胃腸障害など起しようがないのです。つまりコーヒーには、原水爆と違って、きれいなコーヒーときたないコーヒーとがあるわけです。

数年前のA紙に、コーヒー研究家だという某医博の、「学童とコーヒー」という一文が載ったことがあります。

その中で、学童に対するコーヒーの害についてかくかくしかじか、と述べられているところまではいいのですが、そのあとで、故にわが家では子供には二番煎じを与えている、とあるのには全くおそれ入りました。

コーヒーをたてる場合は、いかにして有害成分を出さず、美味しいところだけを抽出するかということに手段をこうずるべきもので、従って上手にたてたものは後に有害成分が多く残っているわけで、この二番こそは最も有害成分が出るので、絶対禁物なものなのです。またもしすっかり出切ってしまっているもの、二番煎じは有害成分が残っていないものと解釈するなら、すべての有害成分は、父なるドクターの腹中におさまっていることになりはしませんか?!

こういうカン違いをやらかすというのも、結局私たちのコーヒー歴がせいぜい七、八十年、それも本格的には昭和に入ってからという底の浅いものであり、喫茶店で飲む人は多くなったが、家庭で飲む人が少いからです。

また喫茶店の数も多いが、年季の入った店が少いのです。ついこの間まででコーヒーを飲んだこともないような人達が、儲かるとなればやたら開店する。コーヒーの内容のことなどそっちのけで、よかろうと思わせる宣伝文句（炭火、遠赤外線、等）で付加価値を付ければ、店は繁盛するという結構な時代で、こんな喫茶店が多くなれば、胃腸障害患者が多くなるのも当然かもしれません。

しかし、珈琲自体は、後にも述べるように、温度、抽出時間、取扱いに十分注意して上手にたてたきれいなコーヒーでありさえすれば、たとえどんな濃いものでも、ちっとも害にはならず、むしろ暑気負けを防いだり、腹工合を整えたり薬効作用すらあるということを、珈琲の名誉のために、まず言っておきたいのです。

喫茶店でしかうまいコーヒーが飲めないなんて考えるのはアサハカです

以前お客さんからアンケートをとったとき、商売人でなくてはうまいコーヒーがたてられないと思っている人が意外に多く、また、器具さえ揃えばたてられると考えている誤解型など、いろいろの結果が出ました。

このうち、最初の型は、後で述べる要領でやれば、別に秘伝なんてほどのものはないということがわかり、家庭でもおいしいコーヒーがたてられます。

次の、器具さえあればという誤解は案外多いと思うので、まずその点から話してみましょう。

サイフォンはいけません

サイフォンという器具は、珈琲を愛する珈琲研究家が作ったものでなく、物理屋さんが物理法則を利用して考案した、一種マジック的構造の器具で、いわばアメリカ人好み——アメリカでもてはやされたのも道理です。

これは上下二つの部分から成っていて、下部の空気の膨張圧力で湯を上に押し上げるわけですから、その際、湯の温度を調節できません。そして低温の湯が上ってくるので、抽出されるコーヒーの色が薄いので、濃くするために時間をかける。つまりボコボコと煮るわけで、これはコーヒーにとって最悪の状態——有害成分が出る状態です。

その上、火を止めて下部を真空にして上の液体を吸い込むとき、これが相当強い力なので、フィルターを濾過して粒子が入りこみ、それからも有害成分が抽出され、きれいな、うまいコーヒーが得られないのです。

サイフォンを生かす法

ですから何も高価なサイフォンを買う必要はないわけですが、しかしすでに持っている方が、これを生かす方法もないわけではありません。それは、ドリップ式に利用する方法です。

まずホーローポットで湯を沸し、サイフォンの上下を組んで上の部分に使用量の珈琲を入れ、湯を注いで、湯が平均に珈琲にゆきわたるように、スプーンでかきまぜて、しばらくおきます。そして組合せの部分を少し抜いてゆるめ、空気の逃げ路をつくってやり（マッチ棒か楊枝をカマす）、濾過します。こうすればサイフォンでも、よく澄んだ、うまい、有害でないコーヒーができます。

オートマチック・コーヒーメーカーの欠点

最近、オートマチック・コーヒーメーカーが、よく売れているようです。しかも、メーカーはよくないことを知っていながら、売れるから作るというのですから、困ったものです。

これは、湯がクイックヒーターで煮沸されてから上るのはいいのですが、バケットの中の珈琲に注がれる時の滴下箇所が数カ所に落ちるように工夫されているため、珈琲の性質上、滴下場所の近くだけが抽出され、他の部分の珈琲が無駄になるという欠点があるのです。

さて、それではどうしたらよいでしょうか。

理想的なドリップ式

〈コーヒー沸し〉などという名で器具を売ったりするので誤解されるのですが、コーヒーは、いれるもの、たてるもの（専門用語でいう抽出）であって、決して沸したり煮たりするものではありません。

そこで、私は、漉し袋によるドリップ法を、一番合理的な抽出法として推薦するわけです。

ここでは、家庭でもできる一般的なたて方のコツ――守るべき原則と条件をのべてみましょう。

おいしいコーヒーをたてるコツ

1　珈琲は新鮮なこと。これが第一の条件。湿けていてはダメで、新しいほど風味とコクに富んでいます。理想的には、たてる直前にひくことです。従って珈琲の保存には、できるだけ空気を遮り湿気を防ぐこと。パッキングの完全なガラス瓶が適当でしょう。

2　珈琲を挽く粉の大きさは、たてる方法や豆のタイプに応じた大きさで均一であること。一般に、珈琲は粉に挽くように思われがちですが、実は、粒にカットすべきものなので、できれば荒挽にします。細かければよいというものではないのです。微粉がはいると、抽出過度となるからです。

3　使用する湯は沸騰点までわかすこと。ただし珈琲そのものを煮沸することは絶対禁物。珈琲と湯との接触が長ければ、どんな温度でも（たとえ水でも）好ましくない成分がでるので、まして煮沸は絶対いけません。

4　使用珈琲の量と湯又は水（抽出量）との分量の割合を必ず守ること。普通大体一人前カップ一杯一〇〇ｃｃに対し、珈琲15～18グラム、豆なら約一〇〇粒の割です。珈琲の節約は失敗の最大の原因ですから、要するにケチケチしないことです。

5　一度たてた珈琲は、必要量の抽出を終ったら必ず捨てること。二番出しは絶対禁物です。

6　たてたコーヒーはすぐ飲むこと。もし後で飲む場合はそのまま冷ましておき、飲むときに温めます。（時間のたっているものは風味悪し）

7　容器・器具は清潔に保つこと。珈琲は自分の匂いが強い代り、他物の臭いには弱いのです。

8　濾過用の漉し袋には、片手綿ネル（起毛は外側にする）が最適。袋は使用の際必ず水洗いしてかたく絞って使い、ふだん使わない時は、常にきれいな水につけて酸敗を防ぎます。

ついでにたてたコーヒーの簡単な鑑定法をお教えすると、スプーンをカップに浅く入れてみて、スプーンの金属反射が冴えていないものはよくないコーヒーです。

もっとくわしく調べるときは、ガラスのコップに入れて、冷ましてすかして見ます。濁っているのはいけません。上手にたてたものは、コーヒーでも紅茶でも決して濁りません。

コーヒーに合う付きものとしてはどんなものが良いのでしょうか？

コーヒーの付きものとして、ピーナツやクルミ、クラッカー、塩味のものなどを出す喫茶店もあります。

アラビア人は、なつめのカラ揚げに塩をふったものをツマミに用いますが、なかなかオツなものです。

大体コーヒーの飲み方には、濃度や量によって三つのタイプがあり、それぞれ添えるものが違うのです。

第一は濃い少量、フランスでいうデミタスです。この場合、コーヒーはピュア（無糖）で味わいたいものです。強いて添えれば、コワントローなどリキュール類でしょう。リキュールの甘みを口に含みながら、デミタスを飲むわけです。このコンビを「グロリア」といいます。フランスの映画「パリの空の下セーヌは流れる」に、この場面があったのを記憶されている方もあるでしょう。

第二は普通の中量、ヨーロッパ一般のスタイルで、私たちにもお馴染みの、いわゆる「コーヒー」です。

第三は薄い大量、カフェ・オー・レー。

ミルクを多量に入れてミルクコーヒーという飲み方。一緒にパンを食べたりします。クロワッサンとのコンビが「カフェ・コンプレー」で、チャップリンの「殺人狂時代」や、クーパーの「昼下りの情事」の一場面に出ていました。

砂糖壺やミルク入れはテーブルを飾るアクセサリーではありません

ついでに言うと、ミルクと砂糖を入れるのは大体西欧の習慣で、日本もそれに従っているわけですが、回教圏では殆んどは入れません。塩やジンジャー、肉桂、肉ズク、ウイキョウ等の香料を入れて飲むのですが、これが非常においしいものです。

ここまで書けばもうおわかりでしょう。卓上に運ばれる砂糖やミルクは、皆さんのお好きなように入れればよいので、またそのように加減できるようになっているのです。

ミルクにしても、たいていの人がピッチャー全部入れるか、全然入れないかですが、残しても勿論よく、またもっとほしいときには請求して一向さしつかえないわけです。

カップだけではあまり卓上が淋しいので、アクセサリーに置いておくものだと思っている人が案外多いけれど、実はこういうことなのです。

カップの底に飲み残すのがエチケットだと思うのはナンセンスです

マックスウェル・ハウスの缶には Good to the last drop（最後の一滴こそが素晴らしい）と書いてあります。まことに、タバコの最初の一服、生ビールの一口めと同様、この一滴にダイゴ味があるのです。

ためしにほんの僅かを残しておいて、それを最後に一すすりしてごらんなさい。非常においしいものです。結局これは、ミルクは入れてからかきまわさないのと同様、コーヒーの味を感覚的に楽しむ方法で、おいしいの み方のコツというものです。

コーヒーを飲んだあとで水を飲むのは損でありバカげたことです。

どこの喫茶店でも水を出します。お客も何となく飲んでいます。しかし、何故出すのだろうと考えると、何だかはっきりしないのです。

ふつういわれている答えは、口中の残滓物をなくしてきれいにした方がコーヒーをよく味えるから、というのです。たしかに、ハッカ入りのガムを噛んでいたり、メンソルのようなタバコをすっているなどはもってのほか、たいていの場合は、そんなに口の中を気にすることはないはずです。

コーヒーができるまでのマ持たせ、つなぎ乃至アクセサリーという説が案外ほんとうかもしれないのです。一種のサービス精神ですが、それも水のよい日本だからこそで、水の悪いフランスなどでは、とても真似のできないことでしょう。

それにしても、前座としてつなぎに飲むならとにかく、本番のコーヒーのあとで飲むというのはうなずけません。いわば最後の一滴の後味をゆっくり楽しめるところを、水洗いしてしまうテはないので、はっきりいえば損なわけです。

コーヒーを愛するアラビア人などは、何てバカゲタことをと嘆くに違いありません。

ブラックで飲むのが通だというのはナンセンスでありやめて下さい

コーヒーはあくまでも嗜好品ですから、自分で飲んでうまいと思う飲み方で飲めばよいのです。自分ではちっともうまいと思っていないのに、通ぶって、ブラックで飲むべきだと思いこんでいるばっかりに、無理してブラックを飲むなんて、全くナンセンスです。

ただし、ほんとにおいしいコーヒーならば、コーヒーそのものをタンノウするには、やはりミルクの邪魔が入らないブラックで飲むべきじゃないかと思います。少し誇張していえば、お客にミルクを入れられるということは、商売人にとって恥をかいたことになるとさえいえるのです。

事実、抽出の際のはじめの濃いものなど、砂糖なしのそのままでも甘味があり、ほんとうにうまいものです。

しかし、ブラックで飲むのが通だと思うのはやはり偏見ですし、まして他人に強いることはおやめなさいと、いいたいのです。

アイス・コーヒーというバケモノとカン詰のレギュラー珈琲の性格

アイス・コーヒー、アイス・ティーというのは、日本とアメリカだけに特有の奇怪な飲物で、ありようは実に恥ずかしながら日本の発明品なんですが、それが味覚をあまり気にしないアメリカさんのお気に召して、逆に海を渡ったという次第です。

といって、冷いコーヒーを否定するわけではありません。方法が問題なのです。たてたものにあとから水をいれた場合、水とコーヒーとが味の上で遊離していて、はじめから同じ濃さに入れたものと飲みくらべてみると、まずくてとても飲めた物ではありません。これはためしてみればすぐわかります。

だから、とけない氷なら問題ないわけで、不幸にして氷がとけるというのが悲劇（或は喜劇）のはじまりなのです。冷いコーヒーを飲みたいときは、どうかコーヒーが直接氷にふれないよう、間接的に冷やして下さい。あるいは、抽出したコーヒーを凍らして氷にしたものを使用するのもよいでしょう。

カン詰のレギュラー珈琲は、アメリカ製が多いのですが、それだけにアメリカ人の志向に合うようにつくられています。

ところでアメリカンコーヒーは、独立戦争の時、ボイコットした紅茶の代りに登場してきたもので、紅茶飲用の習慣を生かし、なるべく紅茶に似たもの、つまり焙煎の浅い、たてた色が紅茶に近い、うすいコーヒーが好まれているのです。この点、西廻りで伝った日本の濃いコーヒーとは、大いに違うわけです。

そこで、私たちの嗜好に合せて濃く出そうとすると、妙にどぎついものが出来て、そのためカン詰のレギュラー珈琲はまずい、という定評ができ上ったのですが、これはカン詰のレギュラー珈琲の性格を知らないでたてるからこうなるので、もしカン詰のレギュラー珈琲をおいしく飲もうとするなら、あっさり、さらっとたてることです。焙煎が浅いからすっぱいけれど、香気の高い紅茶スタイルのものができるはずです。

インスタントとかソリュウブルとかいう種類は、いったん抽出した液を高速度真空乾燥機にかけて水分を除いたもので、いわばジュースやスープの素と同じで、湯を注ぎさえすれば即席に出来上るという簡便さだけが取柄ですが、澄んでいるものは、ヘンに濁っているふつう仕立てのコーヒーよりはよっぽどましでしょう。

コーヒーを飲むと夜眠れないか？
案外知られていないコーヒーの効用

アメリカのある大学の寄宿舎での実験ですが、就寝前学生の半数にミルク、半数にコーヒーを与えたところ、コーヒー組には不眠を訴えるものが多く、ミルクの方にはそれがなかった、という報告があります。

これだけなら何のヘンテツもないのですが、実はこのコーヒーは、覚醒作用をもつ成分のカフェインが除いてあり、逆にミルクの方にカフェインが入れてあったというのですから、コーヒーで眠れないというのは、そうした先入観ゆえの暗示作用だということが、この実験では証明されたといえましょう。

このように、コーヒーをいくら飲んでも平気でねられる人もいますし、またコーヒーでは平気だが、お茶（カフェインと化学式が全く同じ物質テインを含んでいる）を飲むと全然ねむれないという人もあり、反対にお茶では何ともないが、コーヒーだとダメという人もあります。丁度いくら酒を飲んでも一向に構わない人や、またウィスキーなら平気だが、ビールだとすぐだめだという人がいるようなものでしょうか。

結局、カフェインやテインそのものだけの作用でなく、その他の成分との綜合作用が、その人の体質やその時の条件等と微妙にはたらいて、ねむれなかったり何ともなかったりするので、いちがいに眠れないというのは、正しくないというわけです。

カフェインレスの珈琲製品では、有害なカフェインを一〇〇％除いて安心して飲めると唱えていますが、カフェインはそのように有害なものなのでしょうか？

普通のコーヒー一杯に含まれるカフェインの量は、新薬のカゼ薬に含まれているカフェインの二分の一以下ですし、睡眠薬にもカフェインが入っている事実を、どう見たらよいのでしょう。

動脈硬化の原因がコーヒーにあると、ある医学者が新聞に発表したので、よく聞き質してみましたら、コーヒーには砂糖を入れて飲むことを前提として、その砂糖の取過ぎが原因ですと、釈明していました。

コレステロールに、善玉と悪玉があることはご承知でしょうが、この善玉のコレステロールが、コーヒーに含まれています。その上、総合ビタミン剤に配合されるニコチン酸アミド（血管を拡げ血液の流れをよくする）が、驚異的に多く含まれていることも、神戸薬大のクロマトグラフィで、証明されています。

ついでにいうと、コーヒーの飲みすぎが精力に影響してインポテンツを来すと考えている方があるようですが、これも迷信です。

コーヒーは覚醒剤ですから、酒と違って理性的な飲み物で、抑制作用はありますが、精力が減退することは絶対にありません。逆に南米あたりでは、卵の油などをまぜて催淫剤として利用しているくらいです。

本書の刊行に当り、下記各社の
ご協賛をいただきました。

アタカ通商株式会社

(世界のコーヒー生豆卸)
東京都中央区日本橋人形町1-6-10 ユニコム人形町ビル5階
TEL 03-5640-1911　FAX 03-5640-1915
ホームページ　http://www.specialitycoffee.jp

株式会社サザコーヒー

(自家焙煎コーヒー。生豆販売)
茨城剣ひたちなか市共栄町8-18
TEL 029-270-1151　FAX 029-212-5775
ホームページ　http://www.saza.co.jp

株式会社富士珈機

(焙煎機「DISCOVERY」他。ミル販売)
大阪府大阪市浪速区稲荷1-8-29
TEL 06-6568-0440　FAX 06-6568-0540
ホームページ　http://www.discovery-cafe.jp

株式会社フレッシュロースター珈琲問屋

(コーヒー焙煎豆、各種コーヒー商品扱い)
神奈川県川崎市川崎区桜本2-32-1 川崎SRC3階
TEL 044-270-1440　FAX 044-270-1447
ホームページ　http://www.tonya.co.jp

株式会社ヒロコーヒー

(コーヒー&ケーキ・パン製造販売)
大阪府吹田市江坂町1-7-7-2F
TEL 06-6339-0411
ホームページ　http://www.hirocoffee.co.jp

著者略歴

関口一郎（せきぐち・いちろう）

1914年（大正３年）、東京浅草に生まれる。

学生時代より、コーヒーに親しむ。

1948年（昭和23年）、銀座に「アルカロイド飲料研究所」という便宜上の名称のもと、現在の「カフェ・ド・ランブル」のもとを開設。コーヒーだけの店、そして日本の自家焙煎珈琲店の草分けとなる。

現　在　「（株）カフェ・ド・ランブル」経営。
　　　　「日本パイプスモーカーズクラブ」世話人代表。
　　　　「東京都アーチェリー協会」顧問。
　　　　「ジャパンビッグゲームフィッシングクラブ」会長。

著　書　『コーヒー読本』『コーヒー伝播史』『銀座で珈琲50年』『煙草と珈琲』『珈琲辛口談義』（いずれも、いなほ書房刊）がある。

新版
珈琲こだわり座談集

2025年２月10日　第１刷
著　者　　　関　口　一　郎
発行者　　　星　田　宏　司
発行所　　　株式会社　い　な　ほ　書　房
〒169-0075　東京都新宿区高田馬場1-16-11
電　話　03(3209)7692
発売所　　　株式会社　星　　雲　　社
（共同出版社・流通責任出版社）
〒112-0005　東京都文京区水道1-3-30
電　話　03(3868)3275

乱丁・落丁本はお取り替えします。

ISBN978-4-434-35473-1